U0905344

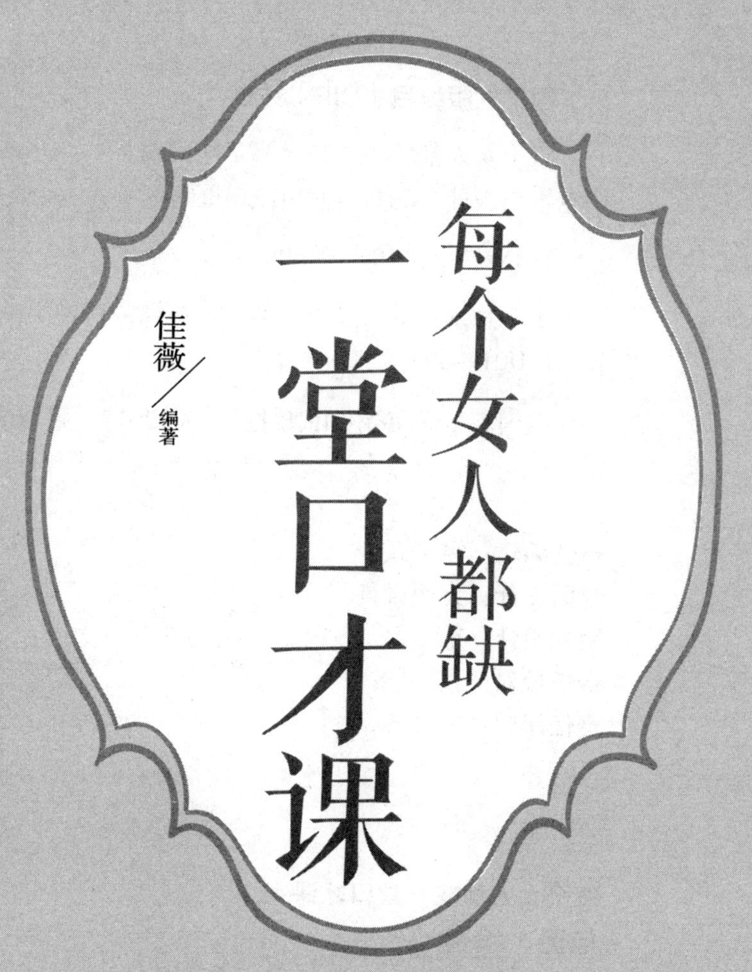

每个女人都缺一堂口才课

佳薇／编著

CFP 中国电影出版社

图书在版编目（CIP）数据

每个女人都缺一堂口才课 / 佳薇编著 . -- 北京 : 中国电影出版社，2017.4（2019.5 重印）

ISBN 978-7-106-04698-9

Ⅰ . ①每… Ⅱ . ①佳… Ⅲ . ①女性—口才学—通俗读物 Ⅳ . ① H019-49

中国版本图书馆 CIP 数据核字（2017）第 069959 号

责任编辑： 纵华跃
封面设计： 元明设计
版式设计： 范　磊
责任校对： 蔡　践
责任印制： 庞敬峰

每个女人都缺一堂口才课
佳薇　编著

出版发行： 中国电影出版社（北京北三环东路 22 号）邮编 100013
电话：64296664（总编室）　64216278（发行部）
E-mail：cfpygb@126.com
经　　销： 新华书店
印　　刷： 三河市嵩川印刷有限公司
版　　次： 2017 年 7 月第 1 版　2019 年 5 月北京第 2 次印刷
规　　格： 开本 / 710 × 1000 毫米　1/16
印张 / 15　　字数 / 200 千字

书　　号： ISBN 978-7-106-04698-9 / B · 0114
定　　价： 32.80 元

前言 Preface

在这个魅力展现的时代，有口才才能有舞台。作为一名现代女性，不仅要有自己的思想和见解，而且要能够在他人面前灵巧正确地表达出来；不仅要用自己的行动证明自己的价值，更要用自己的语言去感染、说服别人。

就职业而言，如今的大多数行业都需要工作者具备良好的口才素质。对政治家和外交家来说，机敏的口才表达是一项基本功；法官要使罪犯认罪伏法，律师要维护委托人的合法权益，都少不了口才的运用；商业工作者推销商品、招引顾客，企业家经营管理企业，都需要口才……

戴尔·卡耐基曾说过："一个人的成功约有15%取决于技术知识，85%取决于口才艺术。"可见，口才的重要性。很多女人，有知识有内涵，内在修养极为出色，外貌也很出众，却一直没能成功，究其原因多是由于她不具备一张灵巧的嘴，从而错过了良机，让人难以发现她们的美好。与之相对应的，有些女人虽然内在修养有待加强，外貌也不甚出众，但是语言表现力强，能够把自己的能力与才情演绎得淋漓尽致，从而博得更多人的喜欢与信任，为自己赢得更多的机会。

女人要想在社会上立足，拥有良好的沟通能力至关重要。如果不懂得说话的技巧，将很难逃得过“物竞天择，适者生存”的法则，只能被社会淘汰掉。在与人交往的过程中，懂得说话的女性表达十分得体，有逻辑性，能够将自己的能力和才华很好地展现出来，而只会做不会说的女人，虽然能力出众，最终难免落得个“酒香也怕巷子深”的结果，令人唏嘘。

在爱情、婚姻、家庭中，也需要女人打磨自己的语言魅力。女人是爱情、婚姻、家庭中的主角。在爱情和婚姻里，好口才是爱情的保鲜剂；在家庭中，好口才是维系家庭关系的纽带；在教育孩子上，好口才让孩子能够更健康地成长……

总之，就如同每个女人的衣柜都缺少一件衣服一样，每个女人也都缺少一堂口才课来提升口才能力。本书正是以此为出发点，详细阐述了女人需要掌握的口才技能，并以经典案例做辅，给女人们上一堂精彩绝伦的口才课，帮助女性朋友提升口才技能，赢得精彩人生。

目录

Contents

第一章 | 颜值时代更拼“言值”，会说话的女人更讨人喜欢

第二章 | 会聊天，一开口就让人觉得相见恨晚

第三章 | 所谓会说话，就是懂分寸

第四章 | 给话语加点料，幽默让女人更有吸引力

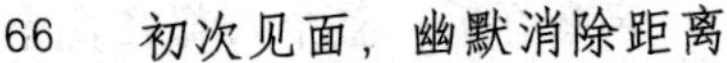

第五章 | 遭遇尴尬，会说可以让你看起来更可爱

第六章 | 灵活变换表达方式，说服别人就靠这张嘴

第七章 | 察言观色，读懂对方才能让表达恰到好处

第八章 | 女人不会说“不”，永远难成高手

第九章 | 少说多听，学会听话才能好好说话

第十章 | 决胜职场，会说话就是实力

第十一章｜谈谈情说说爱，爱你在心口先开

第十二章｜每个和谐的家庭背后，都有一个会说话的女人

第一章

颜值时代更拼"言值"，会说话的女人更讨人喜欢

巧用魅力口才，让自己的人生出彩

不可否认，漂亮的外表是女人的一种竞争力。但是，与美貌相比，良好的口才更是让女人华丽绽放的条件！蔡康永先生就说过：“外表好不好看，绝对不是人生的决胜点。讨不讨人喜欢，还比较更重要一点。”

如果你是一个容颜美丽的女人，优雅动人的谈吐可以使你更加迷人；如果你是一个相貌平平的女人，得体大方的言谈也可以让你倍添光彩。会说话，是一个女人的优势。在这个巨大能力的基础上，你可以获得更高的回报。

在到处都是俊男美女的娱乐圈，贾玲之所以能够脱颖而出，与她的高情商会说话是分不开的。

贾玲是屈指可数的女笑星之一，她的相声作品深受观众的喜爱。除了舞台上的“星光熠熠”外，她最大的闪光点，就是高情商、会说话。不管她身处何种场合，她都能用自己那张灵巧的嘴让别人忍不住给她点赞。

2016 年年初，包贝尔夫妇在巴厘岛补办婚礼，请来了一众明星好友参加。原本是一件很值得高兴的事情，但因为伴郎团闹伴娘团一事，在网上掀起了一波讨论。

在婚礼的抢亲环节，因为伴郎团玩得太过忘乎所以了，竟然把作为伴娘的柳岩抬了起来，企图将其扔进游泳池里。虽然伴郎团不过是在开玩笑，但是他们没有注意到当天柳岩穿的是浅色抹胸裙，在拉扯中非常容易曝光，湿身后更是难免会“春光”乍泄。因此这一举动一下子吓坏了第一次当伴娘的柳岩，让她不禁大叫起来，向四周的人求助。

贾玲马上冲到了伴郎团里，在企图推开伴郎无果之后，索性一屁股坐到了柳岩身前，防止她被推下去。如果事情发展到这儿，贾玲只能算是“英雄救美”。难免会扫了大家的兴，让伴郎下不来台。随后贾玲机智地说：“这件事很简单，红包就能解决。”于是掏出红包塞给眼前的几位伴郎，瞬间化解了尴尬，解决了问题。这件事之后，贾玲获得了网友们的一致好评，认为她不仅保护了自己的朋友，又没有破坏婚礼现场的气氛，情商高，会说话！

其实，这已经不是贾玲第一次巧言化解尴尬了。在一次活动上，主办方安排的采访明星本来是别人，但不知为何突然换成了贾玲，由于媒体记者没有准备好，所以贾玲上台之后无人提问，气氛一度十分尴尬。这时，贾玲说了一句：“我已经不火成这个样子了吗？就没人问问绯闻什么的吗？”此话一出，瞬间让冷掉的现场活跃起来。无人问津的采访分分钟变成了贾玲的个人脱口秀现场。

一个会说话的女人则可以畅行天下！一个女人，能说会道能够让你更具魅力，能说会道能够让你圆融通达、左右逢源、人见人爱，能说会道能够让你驰骋职场，能说会道能够增添你的生活趣味，能说会道可以让你的家庭更加和睦。所以，作为女人，你可以长得不漂亮，但你一定要说得漂亮！

能说一口漂亮话的女人，往往是蕙质兰心的。这样的女人气质一般都会如玉一般温润，总能带给身边的人如沐春风的感觉。她们能够把握别人的喜好，给身处痛苦中的人带来安慰，因此也比较容易得到周围人的喜爱和欣赏。

幸运之神似乎更加眷顾会说话的女人。在日常交谈中，会说话的女人常常言语得体、措辞恰当，给人留下一个好的印象，在不知不觉中赢得了众人的好感。当她们遇到危机的时候，往往会有很多人愿意站出来向她们提供帮助。所以，女人可以长得不漂亮，但是，一定要把话说得得体。无论什么时候，渊博的知识、良好的修养、文明的举止、优雅的谈吐、出口不凡的表达，都是出彩女人的标配。

得体的语言，彰显女人的优雅

高尔基说过：“语言是一切事物和思想的衣裳。”透过所说的话语，展现出来的是一个人自身的素质和风采；一个谈吐优雅的女人，在说话的时候会表现出对他人尊重、宽容、谦让、与人为善等良好的品质。因此，女人风韵端庄，谈吐优雅得体，自然也就更容易赢得别人的好感。

现实生活中，无论是与人闲谈，还是推销、演讲、谈判，都要通过话语来打动别人。得体的语言是个人修养的体现，同时也展现了自己的优雅，自然也就更能够吸引别人的注意。而一个修养不高，处处显露出一股粗鄙之风的女人，再能说，也不过是讨人厌恶罢了。

曾经因参加“超级女声”而被人所知的厉娜，虽然唱功不错，但因语言不文明而差一点儿毁掉自己的大好前途。

当年，超级女声长沙赛区前十强新鲜出炉，而厉娜是其中最被看好的一位。为了进行节目宣传，长沙赛区前十强要完成一个外景拍摄。厉娜和其他女伴们三三两两地走在湖边上，等待拍摄，心情显得很好。可是，当听说拍摄内容中有一项是“划船”的时候，她脱口说出了一句：“我X，我晕船晕得紧！”后来，这一幕场景被某些人制作成了一段持续33秒钟的视频放到了网上。一时间，“厉娜身陷脏话门”的话题在网络上传得沸沸扬扬。

如今很多女人都自称“女汉子”，并以此为荣，连带着她们的语言也渐渐呈现出“男性化”的趋势。以为自己越满不在乎，说话越随意，就越能赢得别人的好感，其实，事实并非如此。女人向来以端庄优雅为美，丧失掉这些特点，女人还凭什么赢得别人的喜爱呢？

有位哲人曾经说过：“语言是最美的心灵导师”。谈吐优雅是女人的一种美德。平等的态度、亲切的语言、得体的措辞，会让人产生亲切之感。谈吐优雅，看起来似乎是一件无足轻重的小事，但是做不好，却能直接影响你的形象，以及别人对你的态度，每个女人都应该注意。

一个随时注意言谈举止是否端庄优雅的女人，与上级、长辈交谈不低声下气、卑躬屈膝；与客户交谈大方得体、表情自然；在讲话时更不会手舞足蹈、指手画脚。无论你在社会上扮演什么样的角色，具有什么样的身份，都要注意自己的谈吐，严格要求自己，成为一个谈吐优雅、端庄大气的女人。

要做到谈吐优雅、端庄大气，可以从三个方面进行：

1. 多使用文雅词汇

要做到谈吐优雅，就需要在公共生活中保持高度注意，说话注意场合，和气文雅，分寸适度，不讲脏话，不强词夺理，不恶语伤人；交谈中表现出虚心，不盛气凌人，不说大话，诚恳并充分尊重对方的意愿；在与别人交谈的过程中要多多倾听，并且要有耐心。

另外，还要选择恰当的词语。虽然表达的是同一个意思，但是选择的词语不同，往往会给听的人带来不同的感受，产生不同的效果。例如“请往那边走”使宾客听起来觉得有礼貌，而“往那边走”去掉“请”字则语气生硬，变成命令式了。

2. 说话时要注意仪态

要想成为一个谈吐优雅的女人，还必须要训练自己端庄的仪态举止。

在与别人说话的时候，首先要面带微笑地倾听，并通过关注的目光进行感情交流或通过点头和简短的提问、插话表示你对宾客谈话的注意和兴趣。如果按照更加严格的要求，为了表示对对方的尊重，说话的时候一般还要站起来。

3. 杜绝谈论粗俗话题

一个女人要想谈吐优雅，散发出端庄大气的风韵，就一定要拒绝粗俗的语言和话题。因为在交谈中频繁地使用低俗用语，交谈的格调就会显得低俗，会对个人的形象造成不良的影响，这是一个风韵端庄、谈吐优雅的女人所不允许的。

另外，一旦出口成“脏”成为个人的习惯之后，就会表现在个人的社会交际之中，从而影响个人的正常社会交往。现实生活中，因为“出言不逊”而导致矛盾升级的例子可以说是多不胜举。

无论出于哪一个方面的考虑，都应该拒绝低俗用语。

一个人的道德修养会从她的言谈中反映出来。女人只有在日常生活中注意多使用文雅的词汇，同时拒绝粗俗的话题，才能够练就优雅的谈吐，才能够成为一个风韵端庄的魅力女人！

丰富你的内涵，方能口吐莲花

高尔基曾说：学问改变气质。一个有文化、有内涵的女人，谈吐不俗，仪态大方，无论走到哪里都是一道靓丽的风景。正所谓“腹有诗书气自华”，缜密的思维、幽默机智的应答以及准确的表达，都离不开广博的知识和深厚的内涵，也就是说，只有根植于深厚的内涵，语言之树才能够茁壮成长。打个比方，你有一桶水，那么给别人一杯是一件再简单不过的事情，但是你的桶里没有水，你还能给别人吗？肯定不能！说话也是一样，首先你要有知识、有内涵，如此才有可能说出精彩绝伦的话。

作为女人，优雅的谈吐更需要深厚的内涵作为基础。谁见过一个目不识丁的女人口吐莲花呢？

素有“台湾第一美女”之称的林志玲除了有着美貌的外表之外，更吸引人的则是她由内而外散发的优雅气质和睿智的谈吐。拥有美貌肯定是件好事，对林志玲来说，这是上天的馈赠，应该分外感谢。而她更知道，美貌并不只存于外在，还需要内心和精神世界的不断经营，需要时间的千锤百炼，才会有令人舒适和仰慕的体现。从林志玲成名后面对媒体的百般刁难，都能镇静自若、优雅从容地应对的能力，可见其多伦多大学美术史和经济学的双学士学位不是徒有虚表的。

大多数人对貌美女性都有一种不友好的宿见，一种先入为主的怀疑，认为她们只是徒有外在，没有真才实学，没有努力，没有……林志玲当然也不例外地受过许多如此责难，但她又总能凭借自己的智慧将其巧妙“消音”。比如一次发生在她与孙红雷之间的事端，尽管话题很大程度上来自外界的误解和以讹传讹。原来，林志玲与朱延平导演合作《刺陵》时，曾一度传出孙红雷因认为林志玲是“花瓶”不够格与自己对戏而拒绝出演该片的传闻。其时林志玲在采访中隔空回应道，这是谣言，并称自己春节时遇到过孙红雷，两人相谈甚欢，孙红雷还鼓励她要在表演道路上努力走下去。没想到在林志玲与孙红雷将共同主演的影片《决战刹马镇》的开机会上，又有记者旧事重提。面对尖锐的问题，孙红雷显然有些措手不及，不知该如何回应。这时林志玲慨然救他于水火，只见她从容、悠然地向全场解释：“这句话肯定是别人放到红雷大哥嘴里的，今天我们坐到一起就是最好的证明。”她以一个轻巧的姿态把谣言化解，赢得听众的掌声。

除此之外，在被指摘为“花瓶”这一问题上，林志玲总是用具有内涵的话语回应：“很好啊，这也是一种肯定方式，我会把它看做赞美。”或者答复，“花瓶这个问题，从我出道就一直被大家说，但我会努力让大家不要对我打这个问号。”

智慧的林志玲懂得运用学识让自己保持一个健康的心态，就好像向日葵一样，永远跟着太阳走，而那些负面的情绪，则不去吸收。也正是靠如此豁达、洒脱的处世哲学，林志玲在演艺圈如鱼得水地生存下来，并且还收获了难得的朋友。

女人有内涵，就是要有底蕴，底蕴靠文化修养得来，最好能上通天文、下晓地理，知识面越宽越好。因此，你必须多读书、多看报。世界的动向、国内的情形、科学界的新发展、世界各地的风土人情，以及艺术新作、时髦服饰、电影戏剧作品的内容等，皆可从日报和月刊中获得。具体来说，女人可以从以下几个方面来提升自己的内涵。

1. 关注生活，加强生活积累

女人要想让自己的表达熠熠生辉，更加打动人，就需要加强生活的积累。一个拥有着丰富的生活经历的人，她的内心就会比较丰富，在这些“养分”的滋养下，她的品位和内涵都会得到很大的提升。

要想加强生活的积累，最有效的方法就是走出去，积极地面对生活、感受生活。“生活不是缺少美，而是缺少发现美的眼睛”。用眼睛欣赏生活的色彩，用耳朵聆听生活的声音，用心灵感受生活的脉搏，尝试生活中的酸甜苦辣，你的谈吐在不知不觉中就会变得生动而具有吸引力。

2. 崇尚真情，加强情感积累

好的表达有一个非常突出的特点，就是以情感人。所谓“言为心声”，没有情感的表达就没有生命。只有用心和情感与别人交流，才能够打动人。当然，丰富的情感离不开平时的经历和积累，没有丰富情感经历的人不可能有丰富的情感语言，所以，一定要注意加强个人的情感积累。

3. 紧跟时尚，把握时代脉搏

提到时尚，人们最先想到的是穿着。其实，女人的时尚不仅体现在穿着上，还体现在言辞谈吐上。一个穿着时尚的女人，如果嘴里说着老掉牙的词语和话题，仍然会给人以“土老帽儿”之感，她也担不起“时尚”这两个字。

所以，女人除了注意服饰等是否时尚之外，也要多多留意自己的知识是否经常得到了更新。只有紧跟时代的步伐，密切关注时代发展的趋势，才能够做到谈吐时尚。

4. 好学上进，加强知识积累

优秀的表达离不开睿智的头脑、渊博的知识，而渊博的知识、睿智的头脑则来源于平时一点一滴的学习和积累。要想成为一个会表达且表达独具魅力的女人，就必须要努力多读书，养成多读书多看报的习惯。记住，没有人天生才高八斗、学富五车，而博闻强记的背后是艰辛的汗水。

声音好听，整个人都在发光

在很多女人看来，说话是一件再简单不过的事情，但是用好听的声音来表达自己的想法却不是每个人都能做到的。这个世界除了“颜控”，还有“声控”，有些人一开口便能让人沦陷，被他折服；而有些人一旦开口，就让人想要逃离，不想再听下去。女人若想提升口才魅力，声音是必不可少的一个塑造方面。声音柔美、清晰、语调悠扬的女人，就像一杯陈年的红酒，让人难以忘怀。

王鑫和韩彤都是一家电话客服公司的话务专员，日常的任务就是接听电话，为客户解答疑问。为了提升服务质量，公司请每位打进电话的客户在通话结束后，都针对该位话务员的服务做出评价，以此来作为优秀员工或奖金等的考核标准。

不久，公司发现了一个奇怪的现象，王鑫似乎每个月的成绩和奖金都在前几名，而韩彤每个月的排名则靠后。公司监控组的人员将两人的录音调出来一一查听，发现两人的回答几乎都是标准的，是完全按照公司要求做的。那么为什么顾客给出的评价会有如此大的差异呢？监控组的人员反复听了两人的录音之后终于找到了原因所在。原来，王鑫学过播音主持专业，每次为客户的解答，她都力争将每个音说到位，将每句话都抑扬顿挫地表达出来。不但语调积极，而且声音悦耳。让人听起来，觉得她很高兴能为顾客提供服务，并愿意倾尽自己所知帮助顾客。而韩彤的录音则明显少了这些优点，她虽然每句话都按照公司给出的标准做出了解答，但却语调平平，没有什么起伏变化，给人的感觉似乎有些冷淡，甚至没有足够的耐心为客户服务。

针对这两种现象，公司在整个话务组开展了对比和学习活动，让所有的话务员都体会其中的不同，并学习王鑫的声音魅力。

不久后，公司发现，客户对于服务的评分整体上升了一个层次。

悦耳、动听、充满魅力的声音，可以给人一种美的享受，使别人都爱听自己所说的话。那么，如何让自己的声音变得有魅力呢？我们不妨从以下几个方面做起：

首先，女性朋友要注意发音准确、吐字清楚。发音不准确，不但有可能闹出笑话，更是毫无魅力可言，因此女性最先要做的事情就是训练自己的发音；而吐字不清晰、含含糊糊，不但影响自己意思的清晰表达，也会让听众感觉到吃力，降低其接受信息的信心和欲望。

在发音这方面，比较理想的状态是字正腔圆、悦耳动听。只有吐字清晰、读音响亮、送音有力，才能使别人听得明白；而只有声音清晰圆润、婉转甜美、流畅自然，才会让话语听起来富有韵律美。

其次，说话时还要注意声调和语调。声调指的是单个词的调子，而语调则是贯穿整个句子的调子。两者都决定了声音的高低抑扬。如果女性朋友在说话时，声调和语调都是平淡的，那么整个话语环境就将是枯燥、无味的，让人无法产生聆听的兴趣。因此，女性朋友在说话时，一定要尽力做到起伏有致、灵活多变。除了每个字的音调都要说对、说好之外，还要在音节的连续间做好功课，让整个谈话的语调听起来是符合文义的、令人舒适的。比如，如果是陈述句，则其大多带有肯定、鼓励的语气，应该说成降调；如果是疑问句，那么就应该表示出疑惑，说成升调。这样的话语才能充满感染力，吸引听话者的耳朵。

最后，女性朋友还要注意说话的节奏。节奏所包含的是一切话语中的要素有秩序、有节拍的变化。节奏的因素包括：结构的疏与密、起与伏，情感的浓与淡、急与缓，速度的快与慢、行与止等。速度节奏的控制和变化一般要通过音调的轻重强弱、吐字的快慢断连、重音的各种对比，以及长短句式、整散句式、紧松句式的不同配合才能实现。只有控制好了话语的节奏，才能使话语快慢适中、快而不乱、慢而不断，增强语言形象的美感。

另外，女性朋友若能尽量让自己的声音柔美动听，那么就更能增加个人语言的魅力。

当你落落大方，说话自有力量

自信，是胸有成竹的镇静，是虚怀若谷的坦荡，是游刃有余的从容，是处乱不惊的大气。著名小说家古龙先生曾经说过："自信是女孩最好的装饰品，一个没有信心、没有希望的女孩，就算她长得不难看，也绝不会有那令人心动的吸引力。"

自信、大方地说话，不单单是心态问题，更是一种能力。如果将"自信、大方地说话"的内涵进一步扩展，还应该包括说话表情自然、姿态得体、语音清晰响亮、内容明白有序等。

在人类历史上，很多成功女性都充满自信。她们在表达的时候，总是表现得神态自若、思维敏捷、记忆精确，兴奋与抑制过程始终处于最佳状态，无论面对怎样的情景，她们都能应对自如、毫无做作、真切动人，因此，她们的表达经常会产生极强的感染力和说服力，使表述目的得到最佳实现。

如果女人是一朵娇艳的花朵，语言就是花瓣上的颜色，而自信是水，只有用自信之水浇灌这朵女人花，才能够让她拥有迷人的花色！然而，现实生活中，很多女性都缺乏自信，表达失去了它应有的魅力。

你是一个自信的人吗？你是否经常说错话，发言十句，九句说错？意见总是不被认同，一天到晚被拒绝？因为不自信，连说话都变得无法让人信服。

一个不自信的女人，与陌生人交谈的时候，说话也会变得结结巴巴，很不流畅，甚至会发生词不达意的情况。自信，可以让你成为一个一开口就感染人、赢得别人好感的女人。

美国有一个女播音员，在她刚开始接触播音这项工作的时候，每当要开始播音了，她都要先到浴池洗一次澡，如果不这样做，在播音的时候她就无法镇定自若。碰到外景直播的时候，她必须要提前到达目的地，在附近找个浴室，在直播前洗洗澡。

这个播音员的反常行为就是缺乏自信的表现。因为缺乏自信，以至于她在直播前不洗澡就无法镇定地播音。由此可以看出，自信对于表达具有着非常重大的意义。

拥有自信和会表达是相辅相成的，建立了强大的自信心，表达水平就会有很大的提高，话语就会更加有魅力。

一个自信的女人，绝不会在别人的光环下禁锢住自己的嘴巴。别人也许腰缠万贯，也许身居要职，也许学富五车，也许一身本领，也许相貌堂堂，也许出身豪门……这些都是他的，和我有什么关系？给他必要的尊重，却没有自卑的必要。“尺有所短，寸有所长”，每个人在自己的立场和角度上都会有自己独特的感受、与众不同的表达。因此，实在没有必要拿自身的短处去和别人的长处去比较。说话只要不自卑，心里也就没了自卑的念头，不卑不亢地说话，是谈吐不凡的重要条件。

如何才能成为一个自信的女人？

1. 扩大知识面，懂得多自然显得自信

多读书，可以让你增长阅历、丰富知识，提升自身内涵与气质，从而增加自己表达的自信心。

2. 多参加社交活动

对于由成长环境导致的心理自卑，可以通过多参加活动来提升表达自信。在活动中，通过主动与别人互动，慢慢地就会发现，自卑逐渐没有了，自信却日渐提升了。

3. 自我暗示

自我暗示是指人们通过语言、行为、心理或者环境等特殊语言，对自我进行心理暗示或刺激，从而使自己的心理和行为发生变化的过程。

4. 有几个志同道合的朋友

由于你们所处的高度相同，看待事物的角度和眼光相似，或者你们各有所长相互扶持，所以，你们能够做到真正平等的相互理解。当然，这样理解你的朋友，也会和你共同进步。

第二章

会聊天，一开口就让人觉得相见恨晚

一个恰当的称呼，让对方把你当成自己人

称呼，是人与人交往中彼此间对对方的称谓。如果把语言比喻成浩浩荡荡的大军，那么称呼就是这支大军的先锋官。称呼是一种友好的问候，是人与人交往的开始，从没见过没打招呼就开始交谈的。

一个会说话的女人，一定在选择恰当称谓方面有着深厚的智慧。

晓霞刚毕业没多久，现在是一家公司里的一名小职员。说起选择合适的称呼，晓霞显得格外兴奋。按照她自己的话说："我应聘时就是因为一句恰当的称呼转危为安的。"

晓霞大学毕业后，为了能够尽快找到一份工作，自力更生，就开始参加各种各样的面试。

参加公司进行的一次面试的时候，晓霞由于太紧张，在面试官面前发挥失常了。当她从面试官的眼神中看出拒绝的意思时，开始变得心灰意懒、垂头丧气。就在这时，一位中年男士走进会议室，和面试官耳语了几句。这位中年男士离开的时候，晓霞听到面试官小声地说了句："经理慢走。"

中年男士正从晓霞身边经过，朝门口走去，此时，晓霞不知从哪儿来的灵光一闪，她连忙站起来，毕恭毕敬地对着中年男士微鞠一躬说：“经理您好，您慢走！”中年男士转过身，愣了一下，随即对着晓霞笑着点了点头。

等经理走出会议室，晓霞重新在座位上坐好。此时，面试官看晓霞的眼神不再是冰冷的拒绝，而是充满了温暖的笑意……

结果不难猜测，晓霞顺利地通过了面试，得到了这份工作。后来，晓霞有机会和面试自己的人事主管聊天。在聊天过程中，人事主管告诉晓霞，原本根据她那天的表现，是肯定会被刷下来的，但是因为她那句对经理的礼貌的称呼，让他觉得她应该能够胜任行政客服工作，因此，才推翻开始的判断和决定，给了她这次工作机会。

可见，一句恰到好处的称呼，在关键时刻，是有很大效用的。

如何称呼别人，是非常有讲究的一件事。用得好，可以使对方感到很亲切，可以帮助自己在人际交往中如鱼得水、事半功倍，给别人一个良

好的印象。反之，如果称呼不得体，往往会引起对方的不快甚至恼怒，使双方的交流陷入尴尬的境地，导致交流不畅甚至中断。

与人交往中，首先要学会恰当地称呼他人，这样可以使人对你有好印象。一位会用称呼的女人，一定是一个善于交际的人，在任何场合，都能结交新的朋友，并且赢得他人的好感，让对方觉得你很有修养。

做具有表达智慧的女人，在对别人的称呼上应遵守以下几个原则：

1. 要看对方年龄

老话说得好："逢人短岁，遇货添钱。"意思是说，人家的年龄，要少说三五岁；人家的东西，要往贵了说。如今的老年人都有一种不服老的心理，其中女性尤甚，能喊"阿姨"的就别喊"奶奶"。

另外，还需注意，看年龄称呼人，要力求准确，否则会闹笑话。看到二十几岁的女人，你不能上去就喊"大嫂"，万一人家还没有结婚，这样的称呼就会引得人家不高兴了。假如你不能判断对方的年龄，也不知道关于对方的其他信息，你可以喊对方"女士"。

2. 要考虑自己与对方的亲疏关系

在称呼别人的时候，自己与对方关系的亲疏也是需要考虑的一个重要因素。你可以直接喊你好朋友或关系较好的同事的名字，这样显得亲切、自然；如果你称呼一个你久未见面的好朋友为"女士"的话，那就显得有点疏远了，是不恰当的。当然，如果是开玩笑，则另当别论。

在与多人同时打招呼时，更要注意亲疏远近和主次关系。一般来说以先长后幼、先上后下、先女后男、先疏后亲为宜。

3. 要考虑对方的职业

称呼别人的时候还应与其身份和职业相适应。对不同职业的人，应该有不同的称呼。称呼一个农民为“大爷”“大娘”“老乡”等都是适合的；“同志”应是对国家干部、公职人员、解放军或民警等的称呼；而对刚从海外归来的港台同胞、外籍华人，称呼“先生”“太太”显然比较适合。

4. 要注意区域性

称呼还具有一定的地域性。比如，山东人喜欢称呼人为“伙计”，但是在南方几个省市，“伙计”是“打工仔”的意思。再比如，中国人喜欢把配偶称为“爱人”，但是外国人却不这样称呼，因为他们把“爱人”当成了“第三者”的意思。

在称呼别人的时候，一定要注意区域性，不然，会给自己带来不必要的麻烦。

5. 注意场合

有些称呼，比如“姐妹儿”“哥们儿”等，是不适合在正式场合使用的，否则会让人觉得太过随便，没有礼貌。

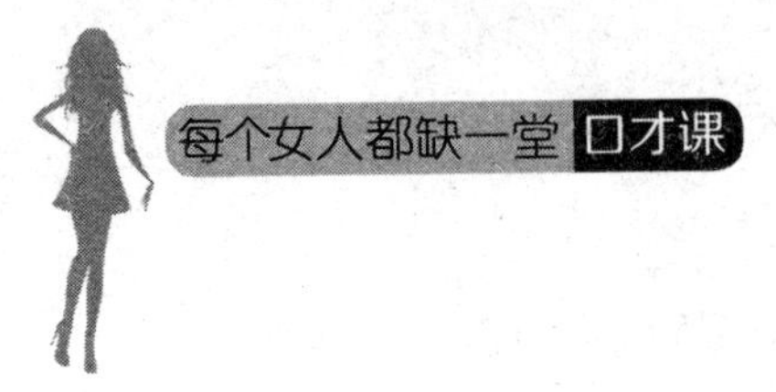

找一个让人聊得下去的话题

在交谈时，最怕空气突然安静。这时候，要么是自己说错了话，要么是双方都没有了话题陷入了沉默的尴尬中。要避免这种情况的出现，我们必须要学会选择一个合适的话题，否则交流就进行不下去。会说话的女人都是选择话题的高手，她们总是能够找到一个话题，让双方交谈甚欢。

话题没有好坏之分，关键在于选择一个适合当时的交谈情景和适合交谈双方的话题。一个有智慧、会表达的女人，在与人交谈的时候，通常会选择什么样的话题呢？

话题 1：学业或事业

事业是一个人安身立命的根本。任何一个对事业勤奋努力，对人生追求不怠的青年人，一旦与人谈起工作、人生方面的话题，就会神采飞扬。因此紧紧抓住对方在这方面的一些“闪光点”去挖掘话题，你们一定会谈得热火朝天。

一天，温馨和一位当警察的好朋友聚会，她的这位好朋友还带了一位同事邵明。午餐时间，三人坐在餐桌旁等待食物上桌。中间，温馨的那位好朋友出去接电话，只剩下温馨和邵明。两个人谁也不说话，气氛显得尴尬极了。

温馨独闯职场那么多年，什么场面没有见过。她一看气氛陷入尴尬，立即急中生智，看似漫不经心地说道：“你们当警察的，工作艰辛不说，而且时刻都面临着生命危险，家庭、亲人也跟着受连累，常人的确难以接受。”邵明一听，有了谈话兴致，立即接过温馨的话头，从事业与抱负、人生与追求、奉献与索取等方面阐述了自己所从事的职业的伟大和骄傲。温馨的好朋友接电话回来，也加入了谈话之中。一顿饭就在三人的谈笑风生中不知不觉地过去了。

温馨在交谈气氛陷入尴尬的时刻，紧紧抓住事业这一话题，表面上看起来是“漫不经心”，其实，暗含着一个女人选择交谈话题的智慧。在双方不太了解的情况下，温馨抛出“事业”这一话题，是比较安全的，不仅有效解决了初次见面无话可说的难题，同时也增进了彼此间的了解，达到了思想上的沟通与交流，对于今后深入交往具有重要的意义。

话题 2：兴趣爱好

在大多的谈话中，“兴趣爱好”是最受欢迎的话题之一。因为在普遍社交中，兴趣爱好是最安全保险并容易打开话题的选择，它不至于太过枯燥抽象，也不至于因为与谈话中某一方有密切的联系而涉及隐私。只要与人谈起他的兴趣爱好，即使一个再沉默寡言的人，他也会口若悬河。

某KTV里，老乡聚会，其他人都K歌跳舞，只有不会唱歌的欣怡和身体不太舒服的小彤缩在角落里不大言语。由于是第一次见面，两个人之间的气氛难免有些尴尬。她们像背台词一样围绕着风雨日月简单交谈了一会儿，就无话可说了，气氛再次变得有点沉闷。

突然，欣怡对小彤说："这种聚会就应该经常举办，也能够多认识一些老乡，我整日在家都要闷坏了。你平时在家喜欢做什么呢？"

小彤看了看欣怡，说："我是一个比较闷的人，没事的时候就喜欢在家看看书看看电影，这一次也是因为恰好在附近办事才过来看看的。"

欣怡一副"相见恨晚"的模样："我们俩真是太像了，我也喜欢看书看电影。你最喜欢哪部电影？"

就此，小彤似乎打开了话匣子，和欣怡聊起了自己喜欢读的书，喜欢看的电影，喜欢的演员等。气氛自然也在此过程中越聊越热了。

在无话可说的时候，聪明的欣怡以兴趣爱好为引子，打听出了对方的喜好，并就此深入，打开了聊天窗口，炒热了气氛。

话题3：环境氛围

聊天场合的环境气氛也可以成为一个很好的话题，关键看你是否善于发现。一个善于观察事物、分析问题、处理矛盾的人，只要把寻找话题的着眼点放在环境氛围上，话题就会取之不尽用之不竭。比如：墙上的字画、书架上的书籍、桌上的座右铭、一棵树、一种花……就地取材，信手拈来，往往会"聊"得轻松自在。

岳群和春晖是初中同学。自从初中毕业之后，两人念了不同的高中，大学也不在同一个地方，两个人很多年没有见面了。

一年暑假，春晖来到岳群家里，想和老同学叙叙旧。两个人多年后再见面，显得都非常兴奋。

春晖坐在客厅里，显得非常轻松，随意地评论着岳群家的装饰和摆设。但是，岳群是一个典型的保守内向的女孩，等春晖说完，岳群却不知该如何接话。谈话一度陷入中断，整个房间里就只有电视里一档综艺节目的声音。岳群心里既懊恼又十分着急。

突然，她心中有了一个主意，她看着电视荧幕对春晖说道："现在电视里都是这些真人秀，你喜欢看哪档节目？"

原本已经失掉谈话兴致的春晖，听到岳群说到电视节目，谈兴一下子又高涨起来。她接着岳群的话题说道："确实，现在到处都是真人秀，不过有几个还不错，比如××"

"原来你也喜欢看那档节目啊，我也喜欢追……"

两个人迅速又恢复了熟络的关系。

岳群是一个聪明的女孩，在谈话中断的时候，能够就地取材，将话题引向正在播放的电视节目上，为两人的交谈打开了局面。

话题 4：社会生活

有时候在交谈中讲一些生活中的趣事，可以帮你顺利渡过"卡壳"危机。因为生活中一些有趣的小事有可能发生在每个人的身上，所以交流起来会觉得比较亲切，容易拉近距离。

一天，小青坐在公园的长椅上，她正颇有兴致地看一本杂志。这时，一个年轻男子拿着一本杂志坐在了离小青不远的长椅上。小青无意中瞥了一眼年轻男子手中的杂志《中国化妆品》。小青不明白，男人也对化妆品感兴趣吗？带着这样的困惑，小青想和他聊一聊。

于是，小青主动说道："您好，请问您手中拿的是什么杂志，可以看看吗？"

男子看了一眼小青，微笑着说道："你好，这本杂志也是我乱买的，不过看着还不错。"说着，把杂志递给了小青。

"哇，看不出，你对美容时尚还挺有研究啊。"

"你可别这么夸我，我只是爱好而已。你想啊，过去美容化妆仅仅是女人的时尚，现在男人也需要注意注意形象不是吗？"

两个人围绕着时尚，谈了化妆、发饰、时装……直到天色变暗，两人才意犹未尽地分别。

很多人都想和陌生人聊天，但苦于找不到话题。小青的聪明之处就在于，她能够从一本书上找到社会生活方面的话题，引起别人想和她交谈的兴趣。因此他们的初次谈话是非常成功、默契的。

有温度的话语更能引人共鸣

人与人相处，最重要的是坦率和真诚，放之四海而皆准。有一句谚语说得好："精诚所至，金石为开。"意思就是，只要付出足够真挚的感情，即使是金石也会被打开。但是，如果自己本身都没有诚意，没有感情，言不由衷，怎么要求别人被你感动呢？正所谓"情自肺腑出，方能入肺腑"，只有深切的热诚，才能唤起别人的热诚。

现实生活中，很多人觉得会表达，说话流畅优美就是指说话滔滔不绝、一泻千里，但是，从某种意义上来讲，缺少诚意的表达，就好像一束没有生命力的绢花，虽然美丽，但没有生命力，因而也就缺少魅力，无法产生吸引力。因此，无论是与别人交谈，还是面对听众演讲，我们都必须要考虑一个问题，就是如何将我们的真诚置于表达之中，如何把自己的心意传递给对方。

毕竟，真诚的语言，不论对于说者还是对于听者，都具有非比寻常的意义。

古今中外，有很多成功女性因为真诚地表达而被传为美谈。无论从哪个角度来看，真诚的语言不仅能带来成功，甚至可以带来神

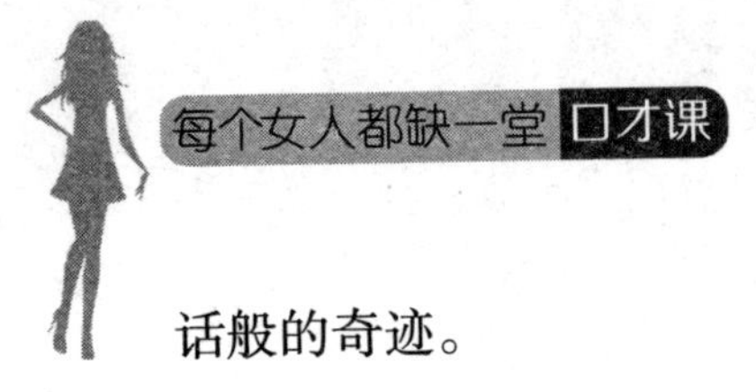

话般的奇迹。

在一次女子足球比赛上，中国女足凭借着良好的配合和优秀的技术，一路过五关斩六将，终于拿到了亚军，这让国内外很多记者非常吃惊。比赛结束后，一位国外的记者来到中国女足面前，问道："你们得了亚军后心情如何？你们对于这次得奖有什么感想？"面对记者的提问，其中一名运动员不假思索地脱口回答道："我想最好能好好睡上三天！"

听到这样的回答，记者脸上不知不觉地露出了笑容。他和随同的工作人员都被中国女子足球运动员真挚、质朴的回答所感动，一起向中国女足致以赞许的掌声。

真诚的话语因为出自真心，所以带有温度，而这温度恰好融化了人与人之间的那道看不见的墙，拉近了彼此的心。最能赢得人心的女人，不见得是口若悬河的女人，而是善于表达自己真诚情感的女人。而优雅的女人更是懂得用真挚的情感、真诚的态度打动人心。虚伪、伪装的东西是绝对经不起时间的检验的，迟早会被人所识破，一个女人若在说话方面染上了这种毛病，也就注定了她失败的命运。

要想说话和表达具有感染力，就需要从内心深处发出声音，倾诉内在心灵，以心灵的沟通为主，不要为说话而说话，因为只有先感动自己才能够感动别人。不要去追求华丽的辞藻和假装的深沉，朴实无华的语言会显得格外亲切，也就具备强大的感染力。

所以，别只顾擦亮自己的皮鞋，更应擦亮自己的语言，否则，人生将蒙上擦不去的尘埃。在不断锻炼的过程中，愈是质朴无华的语言，愈会散发迷人的光辉；随着多次的磨炼，口才技巧终将炉火纯青。

如果我们的话语里透着像玫瑰花一样的馨香，那么，这馨香无疑就能帮我们叩开他人的心房；如果我们的话语里充满着像阳光一样的关爱和温暖，那么，这种关爱和温暖的种子就有可能在他人的心灵里开出理解和感激的花朵……只要是真实可信的内容，加上热心诚恳的说话方式，说话交际就能达到理想的效果，正如谚语所说："有了巧舌加诚意，就能用一根头发牵动一头大象。"

用赞美为沟通加分

大多数人渴望被赞美，一句赞美的话，就像魔棒在人心灵上点击而闪出的耀眼火花。一句真心的赞美，胜过任何形式的虚伪吹捧。赞美是一把火炬，在照亮他人的同时，也照亮了自己的心田。适当的赞美，会令人开心地感受到你的友善。此外，如同艺术家在把自己的作品带给别人时感到愉快一样，赞美还会给自己带来极大的愉悦。它给平凡的生活带来了温暖和快乐，把世界的喧闹变成了动人的音乐。

赞美，有助于别人发现被赞美者的美德，有助于促进人与人之间友谊的健康发展，还可以消除人与人之间的怨恨。因为每个人都会认为自己很重要，自己做的事大多数都是正确的。他们需要具有自我满足感，和重要感、成熟感。光是他们自己感觉到了还不满足，还需要外界对他们的认同，在这种认同中他们感到社会已注意到他们的存在，心里会想："我还是蛮重要的，瞧这件事我办得多好。"

"你行的，你一定行""你是天才，你是个天分很高的人""你是个很好的姑娘"，诸如此类的暗示性的语言能使人在举棋不定的时候重新获得勇气，这个时候，被赞美者一定会对赞美者心存感激，如果他们之间有宿怨，恐怕也会因为这种心灵上的支持而消除了。

学会赞美别人吧，尤其是女人，请不要吝啬赞美，因为你的赞美是春风，它使人温馨和感激；请不要小看赞美，因为你的赞美是火种，它可以点燃他人心中的憧憬与希望。如能时时以饱满的精神、欣赏的眼光、鼓励的话语对待他人，必能起到"润物细无声"的作用。

可以说赞美他人是博得他人好感、获得他人赞同的一把金钥匙。把赞扬送给别人，就像把食物施给饥饿的乞丐。在很多时候，它就像维生素，是维持人身心健康最高效的营养成分。

赞美是一件好事，但并非易事。拙劣的赞美只能算是拍马屁，即使你是真诚的，也会引起对方的反感。因此，怎样对别人进行恰到好处的赞美，是一个聪明女性必须掌握的技巧：

1. 赞美要发自真心

赞美的话是人人都喜欢听的，但并非任何赞美都能使人高兴。有的人明明腿短，你偏要赞美人家穿裤子好看；明明长得黑，偏要说人家肤色亮；明明身体虚弱，偏要说人家身体健康，像练过健美操似的……无根无据、虚情假意地赞美，不仅会让对方感到莫名其妙，而且还会觉得你油嘴滑舌、诡诈虚伪。

能引起对方好感的只能是那些基于事实、发自内心的赞美。真诚地赞美别人，不仅会使被赞美者产生心理上的愉悦，拉进你们之间的关系，还可以使你经常发现他人的优点，从而使自己对人生持有乐观、向上的态度。

2. 赞美要合乎时宜

有诗曰："美酒饮到微醉后，好花看到半开时。"赞美也是如此，要见机行事、适可而止，做到合乎时宜。

有位经验丰富的心理专家举了这样一个例子：当朋友向你诉说她正计划着做一件有意义的事时，你一开头的赞扬能激励她下决心做出成绩，中间的赞扬有益于她再接再厉，结尾的赞扬则可以肯定成绩。

3. 赞美要因人而异

教学要因材施教，而赞美则要因人而异。因为每一个人都有不同的个性，每一个人都有自己独特的专长。

比如，对于女孩子，你就赞美她漂亮，如果不漂亮，你就可以赞美她可爱，如果不可爱，你就可以赞美她温柔，如果不温柔，你就可以赞美她有个性，如果没个性，还可以赞美她脾气好。而对于老年人，要多赞美他引以为自豪的过去；对于年轻人，我们就不妨赞美他的创造才能和开拓精神；对于经商的人，可称赞他头脑灵活，生财有道；对于有孩子的母亲，如果赞美她的孩子聪明可爱，她则会笑不拢嘴……这样，因人而异、突出个性，有特点的赞美比一般化的赞美更能收到好的效果。

4. 赞美可随时随地

在日常生活中，要想赞美别人，可以随时随地进行。要养成欣赏别人优点和长处的习惯，哪怕只是微小的长处和小小的进步。

因此，交往时应从具体的事件入手，善于发现别人哪怕是最微小的长处，并不失时机地予以赞美。如果对方经常感受到你的真挚、亲切和肯定，你们之间的人际关系就会越来越亲密。而你也能从赞美别人中，取长补短，完善自我。

5. 多赞美一些需要你赞美的人

很多人只会赞美那些早已功成名就的人，或自己以后能用得着的人，而不屑于赞美那些被埋没而产生自卑感或身处逆境的人。对于前者，你的赞美是锦上添花，而对于后者，你的一声真诚的赞美、一个赞许的眼神、一个夸奖的手势，等于雪中送炭，自卑的人有可能因为你的赞美振作起精神，大展宏图，产生意想不到的效果。

任何一个人成功的道路都不是平坦的，对那些从小就经历苦难的人更是如此。尤其是在他们最困难的时候，在他们感到前途渺茫看不到出路的时候，他们需要的不是同情的眼泪也不是深切的惋惜，往往一句赞赏或鼓励的话语就会让他们树立起信心，去克服困难，去迎接挑战。

人们为追求和谐融洽的人际关系，早已经把赞美对方作为一种常用的、合适的交往方式，使用在日常生活中。即便你不爱去赞美别人，别人也还是要赞美你。从这个角度说，你也应该学会适当的赞美。学会真诚地欣赏别人，别人才会欣赏你，你的人际关系才更加和谐，这个世界也会因相互传递的赞美而更加的美好温暖。

抓住说话时机，把话说到点上

在《论语·季氏》篇里，孔子曾告诫世人："言未及之而言谓之躁，言及之而不言谓之隐，不见颜色而言谓之瞽。"意思就是：不该说话的时候却说了，叫作急躁；应该说话了却不说，叫作隐瞒；不看对方脸色变化便贸然开口，叫闭着眼睛瞎说。这三种毛病都是没有把握住说话时机。

靶要打得好，枪就要瞄得准；话要说得好，就必须选好时机。卡耐基也曾强调，要想把话说得恰到好处，最重要的一点就是把握住说话的时机。如果没有恰当的时机硬要说，那就会给人一种生硬之感，不会带来好的效果。

说话时机的把握，有时就在瞬息之间，稍纵即逝，时不待我，失不再来。因此，说话时机的把握，比掌握、运用其他说话技巧更难、更重要。要成为一个会表达的女人，就必须要学会把握说话的时机。

裕容龄，中国第一位现代舞拓荒者。年轻的时候，裕容龄跟随当时是外交官的父母迁居到了巴黎。

裕容龄很小就非常喜欢舞蹈，但是，由于受旧礼俗困囿，一直不敢向父母提起自己想学舞蹈的愿望。

偶然的，一个大好的“进言”机会降临到裕容龄身上，让她说出了自己的愿望，得以学习舞蹈。

一次，日本公使夫人来裕容龄家里做客。聊天中，公使夫人问裕容龄的母亲：“你家小姐怎不学跳舞呢？我们日本女孩都要学的。”裕母不便拒绝，顺水推舟道：“往后再学吧！”

裕容龄觉得这是向母亲说明自己愿望的大好时机，于是“进言”道：“好母亲，我今后就学日本舞跳给你看，好吗？”

说罢便换上舞装跳起了“鹤龟舞”，公使夫人夸赞不已，母亲也只好认可。

这里，裕容龄之所以能够进言成功，关键就在于她抓住了“进言”的最佳时机。

说话的时机是由说话的时境提供的。说话的时境，既可以指自然环境和社会环境，也可以指心理环境和语言环境，范围非常广泛，可以说，一个人说话是以整个社会生活为背景的。所以，要把握准说话的时机，首先就必须要了解说话时境与说话行为之间的变化规律与特点。

说话的时境是客观的。无论有没有说话行为的发生，自然环境和社会环境都是客观存在的，这一点不容置疑；而心理环境和语言环境虽然可以在说话过程中随时产生，但一经生成，就是以客观形式存在的，和社会环境、自然环境一样对说话行为产生制约作用。人的说话行为只能在具体的时境中发生、进行，谁也无法随着自己的主观意志去摆脱它、超越它，说话行为也只有与具体的时境结合并保持统一，才能准确表达自己要说的意思。

一个能够准确判断这些信息而把握短暂、稍纵即逝的时机的女人，往往都具有敏锐的洞察力和预测能力。

平时要留心周围的小事，有敏锐的洞察力，这样才能保证你在机遇来临时不致错过。只要你从对方的实际行动与表面印象中可以看出他对于所提的事物的确感到兴趣，就可以作此试探，这样不断地试探下去，一直等到你真正相信对方愿意跟你敞开胸怀交谈，或者等到你认为讲下去可能会引起他的反感，就可以停止了。

除了洞察力之外，要想把握说话时机，还必须有过人的判断力。没有判断力的人，往往使一件事情无法开场，即使开了场，也无法进行。

在一开始的时候，我们不一定能够具备这种能力，但是我们至少要有这种意识。通过不断地训练，成为一个会把握说话时机、具有出色表达的女人，就不是问题。

“一句话说得合宜，就如金苹果放在银网子里。”懂得在恰当的时机说适宜的话，会使你更受欢迎！

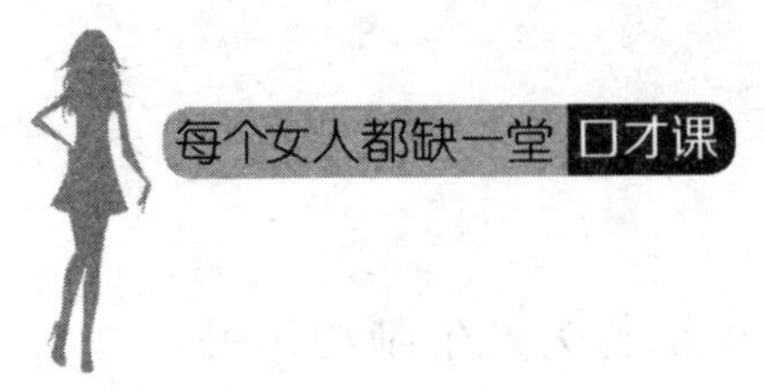

寻找共同点，消除陌生感

听过收音机的都知道，收音机是有频道的，只有拨到正确的频道才能听到想听的信息。和人说话也是一样，每个人都有相应的频道，只有进入了对方认可或喜欢的那个频道，才能够和其“来电”，沟通和交流起来才会非常顺畅。

一个聪明、有智慧的女人，在和别人聊天的时候，总能找到正确的“频道”，也就是找到共同点，和对方达成一种“共鸣”。

寻找共同点，可以从以下几个方面着手。

1. 善于观察对方的服饰、谈吐、行为举止等方面，从中捕获信息

例如，他和你一样都穿了一双耐克气垫运动鞋，你可以以耐克鞋为话题开始你们的谈话。

2. 直接以话试探，主动询问对方的籍贯、工作、兴趣爱好

刘女士最近身体不太好，抽空到医院去检查身体。在市医院的候诊大厅里，刘女士无聊地坐在座位上，等着叫号。坐在刘女士邻座的是一位非常健谈的大姐。这位大姐看刘女士无聊，于是主动问她：“你是来看什么病的？听口音不像是本地人呀，你老家是哪里的呀？”

刘女士见这位大姐很和善，就放下防备，说：“我老家是福建厦门。”

这位大姐得知刘女士是厦门人时，兴奋地说道：“厦门非常美，我以前出差多次去过……”

刘女士此时也来了兴致，主动问道：“那您在什么单位工作呀？”

两个人就这样在你来我往中亲切地交谈起来。等到就诊时，她们已经成为熟悉的朋友了，分手时还互邀对方到家里做客呢！

3. 揣摩对方的话语

小张是一位职场女性，每天要乘公交车上下班。

一次，在去上班的公交车上，小张不小心踩到了旁边一位中年女性的脚。她连忙道歉：“对不起，对不起，我不是故意的。”那位中年女性听到她的口音，笑着说：“你是天津人吧！”小张点点头，脸上一副“你怎么知道”的神情。那位中年女性连忙笑着解释说：“我曾经在天津工作了三年，那是十年前的事了，现在天津变化挺大的吧！”

在接下来的聊天中，她们还发现，原来小张的中学正是那位中年女性当年工作的地方。

这一路下来，小张同那位中年女性聊得很投机。后来小张还多次拜访过她，有很大的受益。

4. 旁人介绍

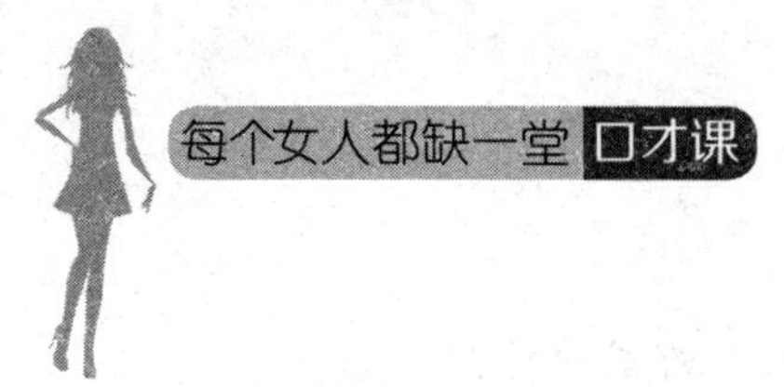

芝琪有两个好姐妹，一位是县物价局的股长，另一位是“县中”的教师。由于芝琪是在不同的时间段和她们认识的，所以，她们彼此并不认识。一天，芝琪请她的这两位好姐妹到家里来做客。

芝琪把这对陌生人作了介绍，她们突然发现原来她们都是芝琪的同学。由于发现了这个共同点，她们马上就围绕“同学”这个突破口进行交谈，相互认识和了解，以至变得亲热起来。

需要注意的是，在听别人介绍的时候，要仔细地分析认识对方，发现共同点后再在交谈中延伸，不断地发现新的共同关心的话题。

5. 深层次挖掘

发现自己与陌生人的共同点是不太难的，随着交谈内容的深入，共同点会越来越多。为了使交谈更有益于双方，必须一步步地挖掘深层次的共同点。

晓慧在北京工作，很少有机会出去旅游，终于等到公司放年假，晓慧决定到云南去玩一玩。

火车上，晓慧已经坐很久了，而前面还有很远的路程。她非常渴望能够找个人和她聊聊天，以消磨车上无聊的时光。

晓慧看看坐在身边的旅客，是一位中年男士，穿着一身篮球衣，挺面善的，而晓慧本身也非常喜欢篮球运动，便搭讪道："天气真好，爽快极了！真是理想的赛球时节。今年秋季有好几个球队表现都很出色呢！"

那位坐在她身旁的乘客坐直了身体，问道："你看××队会怎么样？"

她回答："××队很好啊，虽然有几个老将已经离队，然而几位新人都很不错。"

接着，他们从中国有哪些篮球队，每支篮球队的特色，聊到了篮球技术，又聊到了世界上比较有名的篮球运动员，甚至聊到了中国篮球发展的历史和未来的趋势等。原本枯燥乏味的旅途顿时变得有趣了很多。

陌生人之间寻找共同点的方法还有很多，比如共同的生活环境、共同的工作任务、共同的追求方向、共同的生活习惯等，只要仔细观察就会发现，陌生人之间无话可讲的局面是可以打破的。

“我们”，一个拉近彼此距离的词汇

亨利·福特二世描述令人厌烦的行为时说：“一个满嘴‘我’的人，一个独占‘我’字、随时随地说‘我’的人，是一个不受欢迎的人。”

有人曾经做过调查，看看人们每天最常用的是哪一个字，那就是“我”字。为什么人们对“我”字特别关心呢？就是因为大多数人都喜欢被人称赞，也喜爱称赞自己。因此，你若想得到你所希望得到的，就要避免与对方争高低，要维护他人的自尊心。如果我们常常把“我”字挂在嘴上，会使对方的面子受到伤害，引起别人的反感。

在一次企业高层领导的交流与学习会议上，一位女性企业老总在讲话的前三分钟内，一共说出了36个“我”。短短三分钟的时间里，她不是说“我”，就是说“我的”，如“我的公司”“我的兴趣”等。

会议结束后，这位女老总的一位熟人走到她跟前，对她说：“真遗憾，你失去了你所有的员工。”

这位女老总没明白什么意思，满脸疑惑地问道：“我失去了所有员工？没有呀，他们都好好地在公司上班呢！”

“哦，那你为什么张口闭口总是‘我的公司’，难道你的这些员工跟公司没有任何关系吗？”

这位女老总是满口的“我”，显然是不懂交谈的规则。

人际交往讲究互惠原则，希望别人对你好，那么自己也应有相应的付出。如果在交谈中满嘴都是“我怎样怎样”，为了满足自己表达自我的私欲而丝毫不顾及别人的感受，与其他人造成对立，最终只能将自己隔离开来，处于自我封闭和自我隔绝的状态。

原因也很简单。在实际交谈中，“我”字讲得太多并过分强调，会给人突出自我、标榜自我的印象，这会在对方与你之间筑起一道防线，形成障碍，影响别人对你的认同。

所以，女性在与人交谈的时候，一定要提醒自己，竭力忘记你自己，不要总是谈你个人的事情。人人喜欢的是自己最熟知的事情，那么，在交际上你就可以明白别人的弱点，而尽量去引导别人说他自己的事情，这是使对方高兴最好的方法。你以充满同情和热诚的心去听他叙述，你一定会给对方以最佳的印象，并且对方会热情欢迎你、热情接待你。

更聪明的做法是，说话时，把“我的”变为“我们的”，因为这样做可以巧妙拉近双方距离，使对方更容易接受你和你的话。记住，说话时，常用“我”开头或代表自己观点的人，敌人只会愈来愈多；而常用“我们”的人，敌人也会变成朋友。

这是有科学根据的。心理学研究发现，“我们”“大家”等这类

具有共同意识的字眼儿，会让对方产生一种错觉，认为你和他们具有同样的立场，是一伙的。这时候，他们就会对你放下防备，拿出更多的真诚与你交往，慢慢地你就会发现你的社交变得越来越顺利、轻松、愉快。

经常听演讲的人，大概都有过这样的经历，就是演讲者说“我们是否应该这样”比“我这么想”更能使你觉得和对方的距离减小。这是因为“我们”这个字眼儿，所表现出来的是“你也参与其中”的意思，所以会令对方心中产生参与意识，按照心理学的说法，这种情形是“卷入效果”。

一个会说话的女人，在语言传播中，总会避开“我”字，而用“我们”开头。

即使遇到一些必须要讲到“我”的场合，会说话的女人也会保持平缓的语气，既不把“我”读成重音，也不把语音拖长。她们在讲到“我”的时候，目光柔和，而不是咄咄逼人的；神态也是谦虚的、有亲和力的，而不是得意扬扬的。她们会把表述的重点放在事件的客观叙述上，不会突出做事的“我”，以免给人带来吹嘘自己的感觉。

请少说一些“我”，多说一些“我们”，做一个睿智、自信、会表达的优雅女人吧！

第三章

所谓会说话，就是懂分寸

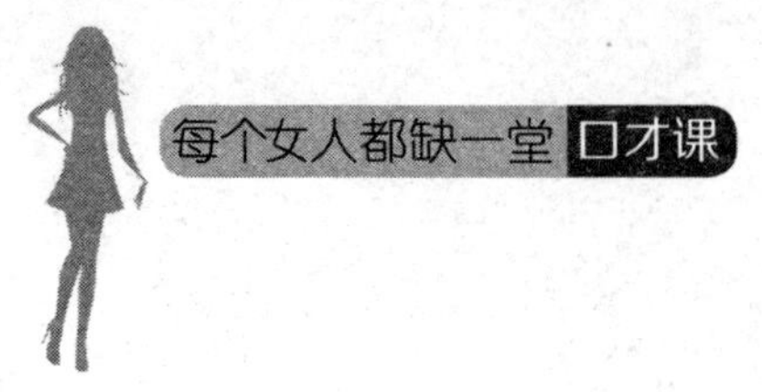

别在失意人前秀自己的优越感

法国哲学家罗西法古说过："如果你要得到仇人，就要表现得比你的朋友优越；如果你要得到朋友，就要让你的朋友表现得比你优越。"

大部分人都有不同程度的优越感，比如一个月薪上万的人，在那些一个月只能拿一两千的人面前，就会感觉良好；比如长相漂亮的女生，在那些长相普通的女生面前就有优越感……优越感能够让人获得短暂的幸福，但是却不是什么好东西，会让人们逐渐远离你。优越感其实是很轻浮的一种自我意识，尤其是在你与他人交往的时候。

虽然李白说过"人生得意须尽欢"，表达的是人在有喜事、得意之时，就要尽力地将喜悦之情表达出来。在现实生活中，很多人也是这样做的，尤其是心事较浅的女性，每逢喜事，整个人就十分爽朗，恨不得见谁都讲述一番，然后等待对方的赞美、称羡。这种心情虽然可以理解，但做法却并不值得提倡，尤其是面对一个失意的人时，即使有抑制不住的欢喜情绪，也不可太过得意地表现出来。

失意的人往往情绪低落、心情差，很难对周围的事情引起兴趣，更别提会为了别人的事情而高兴了。若希望在失意的人面前讨得称赞和祝福而表现自己的快乐，那么不但会希望落空，还会给失意的人形成强烈的对比，让对方觉得自己在用欢乐衬托他的悲伤，从而使其更加悲伤和恼怒。

在失意的人面前表达自己得意之处的女人，不但会给别人留下自私、不懂得替别人着想的印象；还有可能因此导致人际关系破裂，影响人际交往。

瑶瑶是个心直口快的女孩，她为人十分爽朗，性格外向，小区里的邻居都十分喜欢跟她打交道，即使是在楼下碰见了，也会拉着她说一会儿话。瑶瑶也很乐意接受这种交往，她拿谁都不当外人，一见面就热情地聊上一番。

这天，瑶瑶下班回家，远远地看见隔壁单元的刘阿姨在楼门口坐着，她走过去，张口就问："刘阿姨，您在这儿坐着干吗啊？怎么不回家啊？"刘阿姨叹了口气，往背后房间里撇了撇嘴："我那儿子和儿媳妇又吵架了。我向着谁说都不对，我还是出来避避吧。"瑶瑶一听，忙劝慰道："您别太在意了，两口子吵架还不是经常的事啊，越吵感情才越深呢。"

刘阿姨听到这儿，脸上的愁容稍微散去了一点儿。但谁知，瑶瑶又开口说道："再说了，您儿子和儿媳妇这么小年纪就结婚，俩人都还没成熟呢，怎么可能不吵架啊？您这就等于带两个小孩过日子呢，肯定操心。您看我们家，我和我老公，一直到快三十了才结婚，从来没因为吵架的事情让我妈操心，她老人家别提多省心了。现在，我俩都琢磨着要孩子了，更不会像小孩子似的吵架了。”说完，瑶瑶还眉飞色舞地比画了一下抱孩子的动作。

瑶瑶这番话一出口，刘阿姨刚缓和的脸色又变得难看起来。她心想：你这到底是劝我呢？还是跟我这炫耀你们家的幸福呢？你明知道我想要孙子，我儿媳妇说啥都要过几年再生。这不是明摆着来跟我显摆吗？

刘阿姨这样想着，自然没有好脸色。她生气地拿起板凳，鼻子里重重地“哼”了一声，转身回家了。

瑶瑶站在原地，看着刘阿姨的背影，还在莫名其妙地想：这到底是怎么了？

在失意的人面前不要轻易表现自己的得意，更不要“哪壶不开提哪壶”，这才是一个女人有修养、明事理的表现，才能展现出她为别人考虑的善良和细心。

不在失意的人面前显露自己的得意，这是一种最基本的礼貌和修养。尤其当对方遭受的痛苦和自己的开心经历属于同一件事情时，则更要注意自己的言行。这种情况不宜多谈，但也不用撒谎，避开为妙。这样，和你在一起的人才不会感觉到尴尬、痛苦或不适。

就像“赠人玫瑰，手有余香”一样，当你给失意中的人一点空间，不用自己的得意去给对方压力时，不但对方会对你感激，你也会感觉到助人为乐的一份愉悦。因此，失意的人面前不谈得意的事情，是女性朋友要谨记的原则。

过度心直口快=口不择言

心直口快，在一部分女人眼中是个优点，而且是个难得的优点。为什么会这样呢？其实，从本质上来看，每个人都向往纯粹的东西，欣赏最原始的美丽，它是我们灵魂深处最本质的追求，而“心直口快”往往会被她们当成“没有心眼、单纯”的象征。尤其是对感性大于理性的女人来说，这种没有杂质的纯粹更是她们最为渴望的。但渴望并非代表着合理，在成熟的女人眼中，“心直口快”其实是幼稚、自私的表现。

大文学家季羡林先生曾说：“假话全不说，真话不全说。”这是礼貌，更是一种修养。假如你是一个微胖女生，某天穿了一件花裙子，刚走到公司，一个心直口快的同事便对你说：“这条裙子不适合你，更显胖了。”另一个同事则说：“这条裙子真的很适合你，很显身材丰满的。”作为当事人的你，会喜欢哪一种呢？你心里是否已经数落了前者好多遍，但面上还要保持微笑呢？其实，心直口快说白了就是不在乎别人的感受，自私地以自己为中心，伤害了别人的感情，再转头说一句“我说话比较直，你别在意。”这种女人其实是最令人厌恶的。

吴敏是一个非常爽快的人，但就是有时候说话不太招人喜欢，想到什么说什么。不论在工作中还是生活中，吴敏都因此得罪过人。有一个同事因为没有完成工作任务被领导批评了几句，还扣掉了当月的奖金，心情很不好。吴敏想安慰一下对方，便对对方说道：“听说你被批评还被扣了奖金，别伤心，看开就好了。”吴敏突然说话吓了对方一跳，也吸引了其他同事的注意，而且吴敏一贯说话语速快、语气明快，这种情况下更是给人很兴奋的感觉。对方没有体会到吴敏的好心，看到其他人都看着自己，低头就准备离开。吴敏以为对方太伤心，上前一步笑着说道：“你学学我，开心多好啊，不用愁眉苦脸。”

这时，同事拉了一把吴敏，示意她不要再说了，可吴敏还想劝说对方，去拍对方的肩膀，瞬时就被对方闪过：“你怎么这么爱管闲事，和你有什么关系？”一句话说得吴敏哑口无言。

很多事情只要做到心里有数就行，不宜随意发表评论。即使对某件事、某个人有想法，也要在说话前仔细考察所处的环境和对方的情况，如果有可能引起对方的不满或误解，就保持沉默。说话时机的选择是一门非常讲究的学问，只有做到“心直口不快”的女人才会受到他人尊重。

朱琳是一家金融公司的业务员，专业的金融知识和认真负责的工作态度使朱琳很受公司器重。一次，朱琳和另外一名业务员共同负责引进一笔投资项目。两个人分工，朱琳负责联系投资人，同事则负责资料的收集和其他事项。约好和对方见面的日期到了，可同事的资料还没收集好，准备工作也很差，朱琳心里非常生气，很想教训同事几句，但朱琳想："不行，如果闹翻了肯定影响任务完成，反正一次见面不可能将所有事情都谈妥，还有机会。"朱琳没有数落同事的不对，对她说："你赶紧准备，还有挽救机会。"

听朱琳这么说，同事悬着的心放下了。经过两人的努力，公司终于和对方达成投资协议。大家要求朱琳和同事谈谈成功经验，同事说："也没什么，关键是认真，不过，最主要的还是团结一致。"事后，同事对朱琳说："你当时是不是特别生气，想骂我两句，幸好你当时忍着没有批评我，要不然我肯定没信心做下去。"

说话不经考虑，看不到可能带来的后果，想到什么说什么，很容易造成人和人之间关系的紧张。直率不是缺点，太过直率就不好了。特别是对一个团队来说，成员间的紧密协作是最重要的，如果因为一时心直口快而破坏大家的团结，那就得不偿失了。

孔子有一句名言叫"君子讷于言而敏于行"，这里的君子当然不能只针对男人，同样适用于女人。"心直"要求的是正直率真，心里坦荡，"口不快"要求的是不能口无遮拦。有的人认为自己没有恶意，就毫无顾忌地发表意见，到头来还是伤害了他人的感情。

"口不快"有时能为女人的形象加分，在世人的眼里，女人的形象是温柔有加、含蓄温婉的，即使心里有什么想法，女人也会通过含蓄的方式表达出来。不是否定女人的直率，只是说明女人克服"口快"的缺点能够赢得他人的尊重。

"心直"是优点，"口快"则是缺点，相对男人来说，女人是感性的，女人也是含蓄的，碰到事情，如果能够做到“三思而后行”，避免口无遮拦，既可以减少与他人的矛盾，还可以为自己的形象加分，赢得他人的尊重。优雅的女人必定也是一个懂得说话之道的人，她很清楚什么话该说，什么话不该说，这样的女人具有一种知性美。

严守秘密，友谊才不会翻船

由于人类天性的需要，每个人都有向他人吐露内心隐秘的需要，说到底这是对友情的渴望。好友将他的秘密告诉你，是出于对你的信任，相信你不会随便转告其他人。女人一定要珍惜好友的这份情谊，为好友保守隐秘，这些隐私只能“天知地知你知我知”。好友把秘密告诉你，即使没有指明要你保密，也只是说明对方对你很信任，不代表可以任意传播。在此情况下，你只有雪藏秘密的义务，没有将秘密张扬出去的权利。如果女人不能做到保密，将好友的秘密随便告诉他人，就很可能引起很多麻烦。常言道：人多嘴杂，知道秘密的人越多，越容易产生风言风语，甚至最终导致歪曲事情真相，使好友处于不利或尴尬境地。更加严重的是，你会因此失去一位好友，甚至连周围的人也会对你心存警惕。

姜琳和兰晓桐很早就认识，两人性格、爱好都相近，因此成为无话

不谈的亲密好友，姜琳遇到不顺心的事就会向兰晓桐倾诉，而兰晓桐也经常将自己的隐私告诉姜琳。后来，姜琳和兰晓桐相继嫁人，有了各自的家庭，但这并没有弱化她们之间的感情，经常碰面聊天，有时候还通过电话相互倾诉自己的心声。

兰晓桐的丈夫不能生育，这件事除了他们夫妇外，只有姜琳知道，是兰晓桐把她当无话不谈的闺中密友才主动告诉她的。后来，兰晓桐回老家住了一年多，回来后带着一名男婴，对外说是自己的孩子，其实是他们夫妇领养的。这事姜琳也知道，但她丈夫却有些不解："没听说晓桐怀孕，怎么一回来就变两个人了呢？"姜琳忍不住说："兰晓桐的老公不能生育，孩子是领养的。"

很快，她们共同的朋友对兰晓桐突然生子一事也相继产生疑问，都来追问姜琳，在朋友们的再三询问下，姜琳将真相说了出来，很多人感到惋惜。联想到自己的美满家庭，姜琳感觉自己很幸福，既对兰晓桐深表同情，也有一丝的"优越感"。在心理的作用下，每当有人谈起兰晓桐的事，姜琳都将事实告诉他人："晓桐的丈夫不能生育，所以他们抱养了这个男孩。"别人追问怎么会不能生育，姜琳回答说："我也不知道，可能是得了什么病吧，究竟是什么病，晓桐没有告诉我。"

知道的人多了，风声也就传到兰晓桐夫妇的耳里，兰晓桐因此承受了极大的压力，和丈夫的关系也由好变坏。到最后，兰晓桐气不过姜琳的所作所为，直接拨通姜琳的电话，把姜琳狠狠地训斥了一番，没让她说一句话。两人多年的情谊也到此结束。

好友将她的秘密告诉自己，并不代表你可以将秘密转告他人，其实，这需要倾听者自己去体会，自觉地严守好友的隐私，履行作为一个好友和倾听者的保密义务。

每个人活在世上都需要一两个朋友分享自己的喜怒哀乐，他们的位置即使是最亲的亲人也无法替代。但好友间的情谊是需要维护的，同样需要相互尊重，不能因为感情深就无所顾忌地对待对方，特别是对方的隐私。与好友相处时，也应保持清醒的头脑，知道什么事能做，什么事不能做，主动为好友分忧解难。对于好友告诉自己的事情，女人应该做到心知肚明，正确判断哪些事是隐私，只能自己知道。只有这样，女人才能维护好和好友间的深厚友情。

人们常用“闺蜜”来形容女人之间的亲密程度，她们之间无话不谈，彼此了解对方的过去，是知道对方秘密最多的人。反过来说，正因为知道的秘密最多，“闺蜜”有时候也最“危险”，一旦对方将知道的关于自己的事情全部说出，自己将处于非常不利的境地。有一个“闺蜜”是一件幸福的事，也是一件不容易的事，所以，如果你现在拥有至密好友，就要加倍珍惜，严守对方的隐私，不可因为自己一时口快而失去对方的情谊。

每个女人都需要友情，有了友情之后就要懂得维护，严守好友的秘密是友情天长地久的保证之一，唯有如此，女人才会得到他人真诚的友爱，女人的生活才会变得更加丰富和圆满。

好友将秘密告诉你，说明她对你很信任，所以，你一定要珍惜这份感情，自觉地为好友严守秘密。女人之间的感情也许很深，但也可能很敏感、很脆弱，一不小心就有可能反目成仇。好友的隐私只能她知你知，如果其他人从你口中得知这些事情，无异于陷好友于不义，到头来，伤害的还是你和好友间的感情，这对自己也是一种损失。

有一种智慧叫不在背后说别人坏话

中国有句俗话："宁在人前骂人，不在人后说人。"人无完人，每个人都有缺点和不足，如果你看不惯对方的一些行为举止，大可以跟对方挑明，促使对方改正，若是不愿挑明，那便要学会忍受，万不可在背后议论。如今，不说刀下留人，要说嘴下饶人。做好自己的事，管好自己的嘴，不要在背后说三道四。没有不透风的墙，终有一天你所说的那些话会传到被说者的耳朵里，对他造成的伤害是你难以想象的。

其实，对于背后说人应该区别不同的情况，有时候说话者只是对他人做出中肯的评价，这本身无可厚非。而有些人在背后说别人闲话完全是出于自身的私利，这些人心胸狭隘，对别人的成功羡慕、嫉妒，不把精力放在努力提高自己、追赶别人上，反而一心只是希望别人比自己差。当看到别人陷入困境时，他们就兴高采烈，感觉自己得了大便宜。这样的人是可悲的，他们没有自己的生活，整天生活在他人的阴影中，感情随着他人生活的变化而不断起伏，一点自主性没有，徒然地给自己制造很多烦恼。

优雅睿智的女人必须做到少在背后说他人闲话，和自己无关的事情就不要谈论，正确看待他人取得的成绩，不嫉妒、不挖苦，专注自己的生活。尊重他人的女人是可敬的，懂得自重的女人是最美的，她们关心自己的生活，但绝不会给他人制造麻烦。相反，小肚鸡肠、爱说闲话的女人是丑陋的，不管她们的容貌多么艳丽，在他人眼里，她永远是一个让别人唯恐避之不及的人。

张云是一个热爱生活的女性，美丽、自信，做什么事都信心十足。张云在市中心开了一家化妆品店，生意场上来来往往，自然会接触到很多人。对于人和人之间的尔虞我诈，张云看得很清楚，也看得很开。

不管在工作中，还是私下里，很多客户要求张云对某个人谈谈自己的看法。大多情况下，张云都会推脱自己和他接触不多，不知如何评价。有一次，一个同行向张云请教，他想知道某个化妆品公司的老板为人如何。张云回答说："我在他那里拿过几次货，但和他接触得不多，说实话，不清楚他这个人怎么样。"其实，张云明白该同行无非希望她多说几句那位老板的坏话，因为该同行刚和那位老板闹僵。事情传到那位老板耳朵里，老板深感欣慰，觉得张云是一个守本分、有原则的人，后来每当张云去拿货，老板都会亲自接待，给了张云很多优惠。

生活中的张云也是一个"知长短"的人，不喜欢论人是非。在社区的一次聚会上，几个女人凑到一起，聊着聊着就评论起社区里的一名女业主，有的说这人炫富，总会时不时地就把宝马车开出去转转；有的说这人爱臭美，去个超市也要精心打扮一番。张云知道这名女业主，据她观察，这人为人还是很不错的，只不过因为其家庭条件比较优越，生活情趣也就与这些人显得格格不入，被人嫉妒。几个女人越说越来劲儿，张云找个借口赶紧走开了。

尊重他人就是尊重自己，在背后说人闲话不仅是不尊重他人的表现，也是不自信的表现。真正自信的女人，会凭借自己的真才实干去拼搏，去取得成功，她们对靠侥幸、靠诋毁他人取得成功的方式深恶痛绝。而心虚、不自信的人，将成功的希望寄托在别人的厄运和痛苦上，他们没有真正的本事，只知道在背后诋毁他人，做一些不应该做的事。毫无疑问，前者值得深交，后者最好不要交往。

不在背后说人闲话，既尊重了别人，也有利于自己，是女人稳重、成熟的体现。随便地对别人说三道四，即使会引起在场人员的认可和附和，也会给自己的名声带来负面影响。谁能保证那些附和的人是真心实意支持你的看法，谁能确定那些人对你就没有意见。不管一个人爱不爱在背后说人闲话，他或她肯定也知道说人闲话不是一件好事。在现代社会中，女人代表着优雅与知性，她们有自己的事业，有自己的喜怒哀乐，绝不会为了自己的利益而诽谤他人。这样的女人才是受人欢迎的女人。

由于传统社会生产方式的影响和现实生活的残酷，很多女人都认为背后说人闲话是一种很正常的现象，就算你性情高雅，不在背后对人说三道四，别人也会在背后说你坏话。其实，这个世界还是好人多，女人完全没有必要为这件事而烦恼，更不值得为这种事浪费自己的精力。女人只要做好自己该做的事，尊重自己，尊重他人，为人光明磊落，不搞暗地攻击，自然会获得他人的理解和敬重。

正所谓多个朋友多条路，当你在背后说别人坏话的时候，也就相当于你自己抛弃了一个朋友，斩断了一条路。女人只要坚守做人的本分，不干损人利己的事，不在背后污蔑他人，损害他人的名誉，就会赢得他人的尊重。

口下留情，不轻易指责人

在待人处事中，女人最容易犯的一个错误就是随意指责别人，这也许是由于年轻气盛，也许是由于对自己的绝对自信。但不管怎样还是要提醒你，指责是对别人自尊心的一种伤害，是很难让人原谅的错误，如果你不想让身边有太多的“敌人”，那就请口下留情，别总是指责别人。

人的本性就是这样，无论他做的有多么不对，他都宁愿自责而不希望别人去指责他。别人是这样，我们也是这样。在你想要指责别人的时候，你得记住，指责就像放出的信鸽一样，它总要飞回来的。因此，指责不仅会使你得罪了对方，而且也使得他必须要在一定的时候来指责你。即使是对下属的失职，指责也是徒劳无益的。

安娜是一家公司的经理，她也批评员工，但从不轻易责怪他们。而且，她的批评非常具有艺术性。有一回，安娜的秘书在处理一项文件的时候出现了一些错误，但安娜并没有责怪她，而是用非常温和的方法处理了这件事。她告诉秘书，她处理的不算十分正确，此外，还有更好的处理方式。然后，又把正确的方式讲了一遍。秘书的脸一下子就红了，但心里却如释重负，她自己也没有想到，安娜居然没有责怪她。

如果你只是想要发泄自己的不满，那么你得想想，这种不满不仅不会为对方所接受，而且就此给自己带来了一个“敌人”；如果你是为了纠正对方的错误，那为什么不去诚恳地帮助他分析原因呢？

手段应当为目的服务，只有怀有不良的动机，才会采用不良的手段。许多成功女性的秘诀就在于她们从不指责别人，从不说别人的坏话。面对可以指责的事情，她们通常这样说：“发生这种情况真遗憾，不过我相信你肯定不是故意这么做的，为了防止今后再有此类事情发生，我们最好分析一下原因……”这种真心诚意的帮助，远比指责的作用明显而有效。

微笑、眼色、语调、手势都能表达你的意见，唯独不要直接说“你说得不对”“你错了”等，因为这会让对方认为你是向他挑衅。商量的口吻、请教的诚意、轻松的幽默、会意的眼神，定会使对方心服地改变自己的失误，与此同时，你也不会树敌。要知道，人的本性中包含偏见、嫉妒、贪婪和高傲等思想，人们一般都不愿改变自己的意愿。他们若有错误，往往情愿自己发现并改正。如果别人策略地加以指出，他也会欣然接受并为自己的坦率和求实精神而自豪。

假如由于你的过失而伤害了别人，你得及时向他人道歉，这样的举动可以化敌为友，彻底消除对方的敌意。说不定你们今后会相处得更好。既然得罪了别人，当时你一定得到了某种“发泄”，与其等别人回来“报复”，远不如主动上前致意，以便尽释前嫌，握手言和。

为了避免树敌，还有一点需要特别注意，这就是尽量不要与人争吵，更不要图谋非争上风不可。请相信这一点，争吵中没有胜利者。如果你真想使问题得到解决，就绝不要采用争吵的方式。争吵除了会使人结怨树敌，在公众面前破坏自己温文尔雅的形象外，没有丝毫的作用。假如只是日常生活中观点不同而引致的争论，就更应避免争个高低。假如你一面公开提出自己的主张，一面又对所有不同的意见进行抨击，那可是太不明智了，会致使你孤立无援且就此止步不前。如果你经常如此，那么你的意见再也不会引起他人的注意。你不在场时他人会比你在场时更高兴。你知道的这么多，谁也不能反驳你，人们也就不再反驳你，从此再没有人跟你辩论，而你所懂得的东西也就不过如此，再难从与人交往中得到丝毫的补充。因为辩论而伤害别人的自尊心、结怨于人，既不利己，还有碍于他人，使自己树敌，这实在不是聪明的做法。

说尖刻话的人，未尝不知其伤人，而仍以伤人为快，这是什么道理呢？这完全是心理的病态，而心理之所以有这样的病态，也自有其根源，是后天性的，不是先天性的。

假如你的身上有这样的毛病，你一定明白这种病的危险，不去医好，结果必是众叛亲离，不要说在社会上，只有失败不会成功，即使在家里，亲如父兄妻子，也无法和睦相处。不过父兄妻子，关系太密切，即使无法劝说，也会隐忍下去。而社会中的其他人，就绝不会对你这么宽厚。必以眼还眼，以牙还牙，总有一天，你会成为大众的箭靶子。因此，说话尖刻的最终结果，那就是伤害自己。

人都有不平之气，对方说的话，你觉得不入耳，不妨充耳不闻；对方的行为，你觉得不顺眼，不妨视而不见。何必过分认真，定要报以尖刻的话，伤及他人自尊。“多个朋友多条路，多个仇人多堵墙”，生活中要注意尽量避免树敌，更不要做因指责别人而与人结怨的蠢事。朋友之间相处，更要给面子，每个人都有自己的难言之隐，或者口误、失态的时候，如果对方不小心侵犯到了你，试着巧妙地转移话题，或者一笑而过，既维护了对方的尊严又保护了自己。没有谁不会为你充满宽容与灵气的女性魅力所折服，这样给人的印象往往胜过你急功近利的千言万语。

没有什么事情都是按着自己的意愿发展的，遇到双方都尴尬的事情时记住给朋友留情面，绕过人际交往的暗礁，即使是一件小事，对方也会为你的大方得体而感动，这样一来，不但会为你赢得一个好口碑，同时也为自己创造了更加宽广、和谐的人际环境。

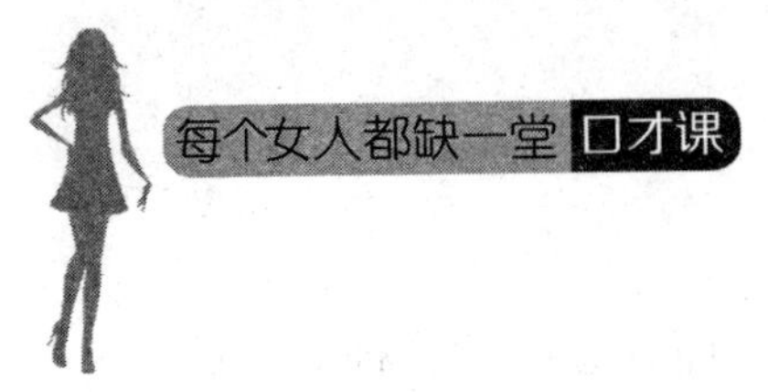

礼貌说话也有讲究

文明用语、礼貌用语是每个知性、优雅女性所应具备的基本素质。然而，很多女性虽然知道说话时要礼貌，但却把握不好尺度，让自己不知不觉说错话；也有一些女性，使用礼貌用语时不分场合，让听话人感觉很不舒服。这样做的结果，往往是“礼多人怪”，即虽然用了礼貌话语，但却没有讨到好。由此可见，“礼貌说话”这简单的四个字也大有学问，女性朋友要细心琢磨一下了。

礼貌说话的第一大原则是区分场合。一般来说，在比较正式的场合使用礼貌用语，是必要而且合适的，但如果在比较随意的场合还过于礼貌的话，就会让在场的其他人感觉到不适。比如，当你在办公室时，和领导说话当然要十分有礼貌，不但要注意说话的内容，还要注重说话方式；但如果是在公司会餐的时间，那么即使是面对上司，也没有必要口口声声全是客气的话，而应适当随意一些，否则不但达不到自己放松、娱乐的目的，还会导致其他人也跟着不自在。

许璇今年大学毕业，进入了一家公司当行政部助理。在学校学习期间，老师一再强调，走入职场之后，要处处有礼貌，尤其是对上司。许璇谨记老师的教诲，无论对谁说话都极尽礼貌之词，对自己的顶头上司“张姐”则更是如此。因此，大家对许璇的印象都不错，觉得她懂礼貌、对人尊敬，张姐也很喜欢她。

月末，行政部照例组织聚餐。张姐是个随意、喜欢热闹的人，就选择了一个有自助餐的KTV。开始唱歌后，许璇一直坐在角落里，大家招呼她点歌，她却说：“谢谢，我还是先听大家唱吧。我来得最晚，最后再唱。”大家听了这话面面相觑，觉得这个女孩说话过于客气了。到了开餐的时候，大家纷纷去拿餐点。张姐发现许璇只拿了些饭菜，没有拿饮料，就顺手帮她带回来了一杯。谁知许璇受宠若惊，一边双手接过饮料，一边点头哈腰地说：“张姐，这怎么好意思烦劳您帮我拿饮料，我真是太受之有愧了。下次还是我来帮您拿吧。”张姐听了，勉强一笑说：“不用那么客气，也不是什么大事。既然出来玩了，就该放松一下，你不用这么拘谨。”虽然张姐这样说，但许璇始终还是对每个人很客气、很礼貌，导致大家都有些尴尬。后来，干脆谁都不帮许璇拿餐、不要她点歌了。

由此可见，礼貌说话对于女人来说就像一件漂亮的晚礼服，只有在适当的宴会场合穿出来，才能给主人增色；而如果穿在比较严肃的医院、学校或者办公室中，就只会让人觉得做作、莫名其妙。

礼貌用语的第二大原则是要区分对象。通常来说，对上级和长辈，理应比朋友、晚辈说话更礼貌一些；而对相对不熟悉的人，则要比与自己亲密的人说话更礼貌一些。对上级和长辈过于随意会让人觉得不懂礼仪，而若不分对象，对谁都过于礼貌，又会让人觉得乏味、做作或者不懂变通。比如，当你面对一个任务苦无思路时，得到了领导的指点而豁然开朗，你礼貌性地说一句“多谢指教，真是太感谢您了”，当然是必要而且恰当的；但如果你每吃一次妈妈做的饭都要说“谢谢您给我准备丰盛的晚餐”，那就太刻板、太无趣了。

大家一定对郭达和蔡明的小品《机器人趣话》印象深刻。郭达为了摆脱寂寞的单身生活，买了一个机器人回家当老婆，并为了打造妻子体贴丈夫、尊敬丈夫的效果，给机器人做了“温柔型”的设

定。机器人于是开始给郭达端茶倒水、捶肩揉背，还一口一个“您辛苦了”“给您添麻烦了”，弄得郭达既不自在，又疲于回答。最后，郭达只好强制将机器人关掉，并深有感触地说：“我的妈呀，这两口子过日子老这么客气谁受得了啊！”

看来，礼貌说话不是对什么对象都适合的，该礼貌的场合自然要礼貌，不该礼貌的地方，礼貌过多的女人只能让人感觉疲倦乃至乏味。女性在生活中，对待自己的爱人就没有必要做到“请”“谢谢”不离口，那样会让夫妻间少了许多情趣，偶尔的撒娇、蛮横都会让爱人感受到不一样的你。

最后，礼貌说话还要讲究一个适度原则。礼貌说话其实就像咖啡厅里的方糖，适当放一两颗在咖啡中，会让人觉得味道甜美悠长、回味无穷；而如果一定要将桌子上的方糖一次用光，那可能就会让使用的人觉得过于甜腻，美感全无。有些女性朋友为了体现自己的礼仪很到位，总是喜欢将礼貌发挥得“淋漓尽致”，恨不得每说一句话都带上“您”“麻烦您”“请”“谢谢”。除了服务行业工作中的需要之外，其他场合大多不需要如此客气。这样说话会让人感觉彼此过于生疏、有距离感，无论对于谈生意、交朋友，都起不到什么好的效果。因此，除了双方刚见面时和分别时可以多用一些礼貌用语之外，其他的谈话不用夹杂过多的礼貌性词语。

由此可见，礼貌说话虽然是有必要的，但也一定要注意区分场合、对象，同时还要适度。只有懂得合理运用礼貌话语的女人，才是真正智慧、优雅、有吸引力的女人。

礼貌说话不是一把万能钥匙，在一成不变的情况下就能打开所有的锁。只懂得礼貌说话，远远不足以应对所有场合。礼貌说话好比一个弹簧，要随着场合的不同、说话对象的不同而适当伸缩。礼貌展现修养，而懂得不同程度使用礼貌语言的女人，则更显从容的仪态和随机应变的智慧。

第四章

给话语加点料，幽默让女人更有吸引力

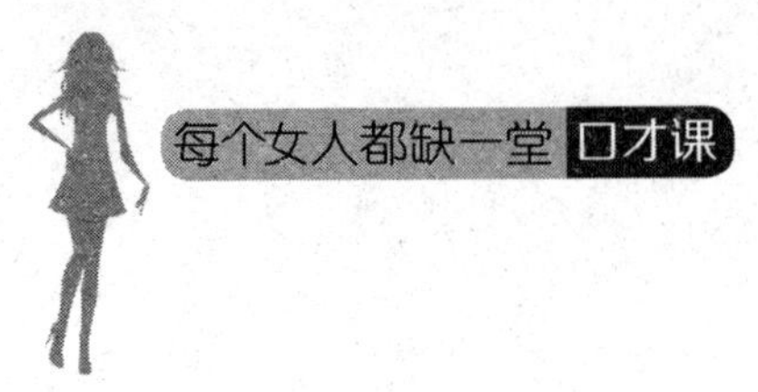

初次见面，幽默消除距离

初次见面是人际交往的开端，此时形成的第一印象对双方以后的交往具有非常重要的意义，它一旦形成，便定下了对他人认识的基调，成为是否继续交往的依据。初次见面，由于彼此不了解性格爱好，有时会显得很紧张、很拘束，如果不能有效地捅破横在彼此间的隔膜，就会给对方留下不好的印象，影响自己的人际关系。

由于工作或生活的需要，女人每天都有可能和陌生人打交道，如何在初次见面时就给对方留下一个好印象是女人必须考虑的问题。不管对方是男性还是女性，不管对方和自己的年龄差距有多大，初次见面肯定会保持一定的距离，而正是这段距离阻碍着女人和对方的坦诚交流。所以，女人在和他人初次见面时，要通过恰当的语言或行为消除或缩短双方的心理距离，使双方都放下心理防备。如果说话不当，就会增强对方的警惕心理，很可能话到嘴边又咽了回去。这样一来，女人就不可能和对方建立起正常的人际关系。

很多女人知道第一印象的重要性，初次见到某人时会主动地寻求消除彼此距离的方式，但由于没有掌握好的方法，往往事与愿违。

初次见面时，有的女人滔滔不绝，不给对方足够的说话机会，虽然她是希望给对方留下活泼的印象，但不给对方发言机会，就会使对方感觉不被尊重，如此，谁还想和你交往。还有些女人为了消除尴尬的气氛，生硬地讲一些笑话，表情极不自然，即使笑话很有趣，对方也会感到不自在。

和人交往最重要的是自信，既尊重他人，也尊重自己，而体现自信最好的方式无疑是幽默的谈吐，谈吐幽默的女人言谈举止都显得很自然，给对方随和感，使对方感觉很舒服。如果太过谦卑，语气生硬，显得一本正经，反而会招致他人的厌烦。

王丽大学毕业后成为一名报社记者，和她一同被招进来的还有很多人。为了让大家尽快熟悉，报社举办了一次聚会，聚会的主角自然是王丽这样的新人。聚会开始了，可新人都显得很拘束，有人坐在座位上，有人专注自己的事情，很少有人主动发言。

报社领导当然明白怎么回事，于是带头作了自我介绍，并鼓励大家放松心情。轮到新人自我介绍了，有的人说话吞吞吐吐，有的人说了两句就完事。王丽和他们不一样，她在读书时就做过很多兼职工作，对陌生的场面已经司空见惯，只见她从容地站起来说："我叫王丽，来自江西。我喜欢写诗，但写不过舒婷；我喜欢唱歌，但唱不过韩红；我喜欢主持节目，谢娜可能比不过我。"王丽幽默的介绍立即引起大家的笑声，现场气氛缓和了不少。

王丽巧妙把自己和名人相比，既显示自己的才能，又显示幽默风趣的性格，不仅博得大家的好感，还使初次见面时的拘谨顿然消除，拉近了大家的距离。在王丽的带动下，很多新人都放下心理负担，很轻松地交流起来。

幽默的语言可以带来轻松、快活的气氛，调动大家的心情。初次见面的人彼此之间不熟悉，心里有防备是很正常的事。但人又是喜欢社交的，没有人不希望得到他人的青睐和欢迎。可有的人就是不知道如何处理初次见面时的尴尬气氛，到最后双方不欢而散。而有些人通过幽默的谈吐很快就拉近了彼此的距离，使双方都感到很高兴。王丽就是这样的一个人，她通过自己的谈吐初次相处就赢得了他人的好感。

谈吐幽默的女人肯定是社交场里受人关注的焦点，当遇到陌生人时，她们态度热情，大方有度，言谈举止间尽显随和和自信。幽默的谈吐使对方在和自己交往时显得很自在，对方不用为怕说错话而欲言又止，因为你幽默的谈吐已经让对方明白你是一个豁达、不拘小节的人。

幽默的谈吐表明女人有着高尚的情趣和乐观的信念，有人说："幽默是表明一个人对自己事业具有信心并且表明自己占着优势的标志。"一个心地狭窄、思想颓废的女人是不会幽默的，她们每天都心事重重，愁眉苦脸，只有豁达、开朗、热心的女人才懂得幽默。试想，不管是男人还是女人，谁愿意和忧郁的女人继续交往呢？

幽默是手段，拉近彼此距离是目的，不能把两者的关系搞颠倒了。和他人初次见面时，幽默无疑是消除距离的好方法，但切记，不能为了幽默而幽默，一定要根据现实情况，适当选择幽默的言语。如果彼此之间本不生分，就不要有意地说一些看似好笑的话语，这样做了，反而让对方觉得很做作，本来很友好的气氛转眼间就荡然无存。

幽默的谈吐给人亲切感，可以使对方放下心理防备，即使是初次见面的人也会很快和你“打成一片”。谈吐幽默的女人会给人留下美好的“第一印象”，使对方愿意和你继续交往。所以，女人应该培养自己的乐观情绪，热爱生活，同时还要多观察、学习，养成机智幽默的应变能力。只要女人自信地面对他人，就一定会让他人主动地靠近自己。

你幽默一点，别人自会亲近你一点

幽默是精神的缓冲剂，是女人社交中的超级武器。一个说话处处流露出幽默感的女人是可爱的，她诙谐的谈吐、可爱的表情，会让每一个与之交谈的人都开心、愉快，更会给众人留下极深刻的印象。

瑶瑶是一个追求标新立异的“90后”女孩，毕业之后就来到北京，在舅舅的帮助下找了一份销售的工作。

刚开始工作的时候，她对待客户总是一副爱搭不理的样子，总让人觉得冷冰冰的，不仅客户不愿意跟她交流，就连同事都慢慢开始疏远她。

看着瑶瑶苦闷的样子，舅舅递给她一本《笑话大全》，并对她说：“我有一件事情忘了告诉你，工作确实是件苦差事，早出晚归、阅读报告、制作报表、约见客户、承担责任……如果没有那份薪水，那么工作将是更苦的一件事。既然已经如此，你为什么不在办公室里找点乐子？”

瑶瑶一时无法反驳，勉强地把书塞进了公文包。舅舅看瑶瑶一脸的不如意，心又软了下来，他拿出了一百块钱递给瑶瑶，哄着说：“好吧，算是我雇用你读这本书，这行了吧！它对你绝对有帮助，真的。”

大约又过了两个星期，周五的晚上，瑶瑶又来到了舅舅家里。此时，瑶瑶已经工作一个月了。

瑶瑶坐在沙发上，头发梳得一丝不苟，领结系得十分工整，袖口翻在手腕上，仿佛是一个对自己的工作、生活和未来心中有规划的女强人，整个人看上去精神了好多。

原来，瑶瑶现在已经不再被同事排挤了。

舅舅诧异地问：“你到底是怎么做到的？”

“我就是读了那本《笑话大全》，然后，每天在休息时间讲一些笑话，或者自己编和当天的事有关的笑话，就像脱口秀一样。于是，大家开始喜欢我，他们有什么工作都喜欢和我商量解决。在他们看来，我够聪明，也够幽默。”

当瑶瑶开始幽默时，她变成了好人缘的“幽默小姐”，在短期内缩短人际交往的距离，赢得了大家的好感和信赖。可见，懂得幽默的人，确实可以拉近与人的距离，让人更容易亲近。因此，想要成为一个受人欢迎的人，不妨在你的谈话中加一些幽默的调料，给你的谈话内容加些精彩的片段。

幽默的女人更灵动

诙谐、幽默的语言可以放松人的心情，将人调整到最佳的状态。幽默是一种力量，是一种在不知不觉中能打动人和感动人、感染人的力量。它就像阴雨季的阳光，冬天里的青草，沙漠里的甘泉一样，给人以惬意和舒适的感觉。

现实生活是紧张、残酷的，每个女人都会遇到这样或那样的烦恼，心灵经受煎熬，身心倍感疲惫。假如紧张的心情长期得不到疏解，会严重伤害女人的身体健康和精神状态。其实，人生本来就有很多不幸，不是一人之力能够左右的，有的人活得很潇洒，有的人活得很苦很累。而所谓的苦和累很大程度上又是由自身造成的。悲观的女人看不到生活美好的一面，她们只看到人世充满了丑恶和无情，因而对生活失去希望，使自己在悲伤的路途上越走越远。

世界的多样性决定了生活需要调剂，美好的，丑陋的，都是不可缺少的，关键在于你以怎样的心态面对生活。幽默是乐观人的“专利”，悲观的女人是不会懂得幽默的妙处的。即使她们知道悲伤只会让自己的情况越来越糟，知道怨天尤人没有效果，但依然沉浸于自我的精神世界中，通过逃避现实来寻求慰藉，可以说，她们对忧郁已经习以为常，不忧郁反而觉得别扭。这样的女人又怎么能幽默起来呢？

身心健康的女人是幸福的，积极乐观的女人是美丽的，而幽默的谈吐正体现了女人对自己、对他人、对这个世界的正面态度。诙谐、幽默的语言可以帮助女人从悲伤中解脱出来，还她一个明媚的春天。有了舒畅的心情，女人的身心健康才有保障。没有心理负担的女人显得年轻、有活力，而忧伤的女人则显得更加苍老，一点也禁受不住岁月的洗礼。

所以，女人应该时刻保持愉快的心情，适时地通过诙谐、幽默的语言调整自己，同时也感染了他人的情绪，唯有这样，身心才会愉悦。

认识不到诙谐幽默的好处，就会认为幽默的语言太过肤浅，诙谐和幽默是一种浅薄。女人应该对“幽默”具有人性化的理解和哲理性的认识。幽默是一种品质，是一种乐观的人生态度，反映的是女人个性的真实和应变的能力，可以体现一个女人的机智以及不轻易妥协的态度。对于人和事，消极的抵制和粗暴的反抗都是不明智的，对自己没有任何好处。

焦芳大学毕业后留在上海，家人为她找了一份好工作，但焦芳决意要通过自己的努力养活自己，她是一个乐观的人。上海的生活节奏非常快，很多白领都能感受到工作的压力，让人身心疲惫。

焦芳和两个同学合租一套房子，每次下班回来，焦芳总是将愉快的心情带回来。一次回到家中，焦芳看到一位同学忧郁地坐在沙发上，一言不发，不用说，肯定是工作中遇到问题了。焦芳走到她面前，笑眯眯地问：“怎么了，谁又欺负我们的大小姐了？”同学动了一下嘴唇，没有说话，焦芳继续安慰道：“好吧，这个人太过分了，我明天带人收拾他一顿，看他还敢不敢欺负我的同学。”

焦芳说话语气夸张，还做着动作，同学忍不住一下子就笑了起来：“没事，是我自己太上心了。”焦芳赶紧回道：“真没事了？那我们做饭吧。”

幽默的女人像阳光一样温暖和快乐，不管男人还是女人都喜欢和她交往。幽默的最大受益者表面上看似乎是周围人，其实是女人自身，诙谐、幽默的谈吐对女人具有以下好处：

1. 幽默可以减轻压力

每个女人都有过这样的体会，承受压力时，一句幽默的话语可以使自己紧张的心情得到放松，这不是简单的心里感觉，而是有着科学的根据。

2. 有助于交流

对倾向焦虑和忧郁的女人来说，别人的批评是很难接受的，她们不会采取恰当的方法将大家的注意力转移到另外的话题上。而乐观开朗的女人，可能会说一些幽默的话，使气氛得到缓解和融洽，和他人的交流也会更深入。

3. 幽默可以减轻疼痛

某医学护理杂志发表的一项研究表明，幽默可以减轻痛苦。每个女人都会在现实生活中遇到各种烦心事，感觉痛苦是很正常的事。若不能及时地从痛苦中摆脱出来，会对女人的身心健康造成极大的危害。此时，幽默无疑是一种有效的调理办法。

4. 幽默传播幸福

幽默的谈吐一方面使自己的心情得到放松，另一方面也是向他人传递一种幸福的信号。人的情绪是可以相互感染的，女人在交际中适当地幽默一下，对自己、对他人都是美好的感受。

以上简单列举了诙谐幽默能给女人带来的好处，其实，幽默的效果远不止这些。归结为一句话，诙谐幽默愉悦身心，对女人的身心健康具有不可替代的作用。

诙谐幽默的谈吐不仅让自己受到他人的欢迎，还有益于自己的身心健康。幽默的女人给人乐观自信的印象，而悲观忧郁的女人使人避之不及。女人应该有意识地通过诙谐的语言调剂自己的心情，使自己始终保持一个好的状态。为了自己的身心健康着想，女人需要努力地去除苦难和烦恼给自己带来的负面影响。幽默的谈吐使女人永葆青春。

冷笑话有时只会给炒热的氛围降温

懂得幽默的人是具有人格魅力的，懂得幽默的女人，在别人眼中更是多了一分风情和智慧。因此，很多女性朋友希望展现自己幽默的一面，于是不管什么场合，她们都会极力搜索脑中的笑话，打算讲出来让气氛活跃一点，让大家娱乐一番。这本来是没错的，但是有些女性朋友太过于想要表现自己的幽默，以至于不管什么样的笑话都拿出来讲，这就不那么明智了。如果你的笑话不够成熟，不足以让人发笑，那就只能成为一个冷笑话，让人想笑不能，不笑又尴尬。这时，不但整个场面都会被弄得比较难堪，自己在别人心中的印象也难免变得刻意、喜欢卖弄，甚至笨拙。

刘珊珊刚到一家公司去上班，很希望跟同事们打成一片。为此，她搜集了很多笑话，准备一有机会就讲出来博大家一笑，也让大家见识见识自己的幽默。但是，尽管她满腹笑话，却苦于平日工作太忙了，没有时间和大家闲聊，于是她只好将这些笑话憋在心里。

终于来了一个机会。月末这天，公司组织大家聚餐。为了活跃气氛，公司特意选择了一家自助餐厅，可是大家拿完餐点之后，还是有些沉默地各自吃着。主管看到这种情形，便提议每人讲一个笑话。刘珊珊一听，心里顿时乐开了花——这下自己满肚子的笑话有用武之地了。

前几个同事一一讲完，桌上的气氛已经比较活跃了。这时正好轮到刘珊珊讲，她觉得自己正处在一个好时机，如果讲得好，说不定能够把热闹的气氛推向最高潮。于是，她在心中搜索了很久，讲了一个自认为“稳操胜券”的笑话：

“很久以前，森林里有一只很爱爬树的猿猴，它很喜欢在高高的树上荡来荡去的，尤其喜欢一棵长在悬崖边的高高的香蕉树。它每次爬到树上之后，都会顺便摘下来一些香蕉，然后去找它的好朋友——猩猩一起吃。因为猩猩不太适合爬树，无法摘到好吃的香蕉。

可是有一天，猿猴在摘香蕉的时候没有抓住树枝，从高高的树上掉了下来，虽然没有受太严重的伤，但猿猴受了惊吓，从此得了恐高症，再也不敢爬树了。猩猩为了鼓励自己的好友，决心为它去摘香蕉，希望猿猴吃了，能够克服恐惧，找回爬树的感觉。不过，猩猩本身并不会爬树。它为了达到目的，就找了很多猩猩朋友，大伙一起合作，一个一个叠起来，最后终于摘到了香蕉。

猿猴在吃了猩猩合伙摘到的香蕉之后，果然病就痊愈了。从此，猩猩和猿猴就过着幸福又快乐的日子。”

刘珊珊讲到这里，看到大家都在认真听着，等待那个出人意料的笑点。她得意地公布道："这个故事说明一个什么样的道理呢？就是'猩猩之伙，可以疗猿'啊！哈哈哈哈！"说完，刘珊珊就得意地大笑起来。可是，她笑了半天，却发现其他人毫无反应，只是茫然地面面相觑。刘珊珊觉得大家没有听懂，于是重新将结尾又讲了一遍。这时，有几个同事勉强冲刘珊珊笑了笑；更多的人，则是转了转眼睛，继续低头吃饭了。

原本想将气氛推向高潮的刘珊珊，这时反而将气氛冷却到了低谷。她心里很不明白：为什么大家这么不给面子呢？

其实，不是刘珊珊的同事不给她面子，而是她的笑话太冷了。即使尴尬地笑一笑，也是为了让刘珊珊表面上不那么难堪。开头刘珊珊讲得很长，将大家的好奇心大大地吊了起来。但她的前奏越铺越长，到最后时，却说出了一个丝毫不使人发笑的"笑点"。这其中的落差过大，当然会让大家觉得摸不着头脑，甚至不知所云。

由此可见，要想让自己变得幽默，并不是一件很容易的事情。女性朋友一定要懂得甄别哪些是让自己增添幽默魅力的笑话，哪些是无法引起大家共鸣、只给大家添尴尬的冷笑话。如果不小心讲到了冷笑话，那么不但不能达到自己想要的效果，点燃现场的气氛，还有可能起到“降温”的负面效果。因此，女性朋友一定要在有把握的时候和适合的环境中，再将自己的笑话奉献出来。

幽默是人与人交往时的润滑剂，是聚会时必不可少的一个要素，是活跃气氛的最好手段。好的幽默方式，能够将相处的氛围推向活跃与愉快之中；但若不经意地露了一手不高明的“冷笑话”，那就会适得其反，将现场推入冷空气的氛围之中。

拯救幽默感的小技巧

对每个女性来说，幽默风趣的语言风格固然有先天因素的影响，但更有后天的习得。女性应掌握一些构成幽默的小技巧，并在语言表达中注意加以运用。

1. 比喻法

比喻，就是打比方。在说明一个事物的时候，不是直接去说，而是通过描述或说明另一个事物来达到目的，这样可以减少理解的障碍。

使用比喻制造幽默，比喻得越贴切，就越能展现生活的气息，幽默越活泼生动。

语言学家林语堂也很风趣：“女士们、先生们——我觉得，绅士们的演讲，应该像女人们的裙子，越短越好……”（笑声）

2. 自嘲法

自嘲被称为幽默的最高境界。

自嘲的语言艺术一个重要技巧是运用大幅度的夸张，特别是夸大自己的缺点，使别人感到不可信而可笑，同时，使自己去掉自卑感。可见，自嘲并不是自我嘲弄，而是自我取笑，它与埋怨自己、灰心失望、自取其辱、自叹自卑、恶意丑化、作贱自己是不同的。

敢笑自己的人才有权利开别人的玩笑。不论你想笑别人怎样，先笑自己。自我取笑是以轻松的语言笑谈自己，暴露自己的缺点，取笑自己的弱点，笑自己的观念、遭遇、狼狈处境。自我取笑需要勇气，看起来很傻，其实，是一种大智若愚的幽默。

自嘲是比较安全的一种幽默，可以表达一种谦卑。它通过笑谈自己的缺点和弱点，使别人对你产生一种亲切感和同情感。能够嘲笑自己的外貌、缺点、愚昧，被认为是高明的幽默境界。因为它既可以避免自高自大，认清自己的不完美，也可以产生幽默感。

3. 双关语

一语双关，通俗地讲，就是表面上说的是这件事，实际上是指另一件事。运用双关语，可以产生一种另一层意思的幽默，让别人去领悟，而且，避免刺激性。

一般来讲，双关语属于一种比较弱的机智幽默，它们很少能引起大笑，更多引起的是微笑。

双关语的基本手法也包括衬托、扩喻、比拟、婉述、对错，等等。

它要求人们把幽默的语言看作精神游戏，而不是真理的载体，它可能歪曲了意想不到的思想，给听众以全新的趣味横生的印象。

双关型幽默是很富有表现力的幽默种类，它的价值就在于双重意义使人玩味无穷，激发出人们新的意念，使人走出语词的限制，得到创造性的解脱。

双关语往往要求听者要听懂双关的弦外之音，要有丰富的想象力。

4. 将错就错法

有一次，在一个婚宴上，宾客们都为新郎、新娘举杯道贺。新娘一不小心，酒竟然从新郎的头上浇下，众人不知所措。这时，新娘却从容掩饰说："各位亲友，为了我和老公的幸福从'头'开始，请干了这一杯！"众人惊喜后而大笑。

5. 张冠李戴法

对方明明说的是甲事物，偏偏理解成乙事物；对方明明是这种意思，却故意误认为另一种意思，这就是张冠李戴。

张冠李戴幽默术的运用大致有以下两种情况：

对方有意挑衅，试图让你感到难堪。这种情况下，最有效的办法就是把“冠”直接给他“戴”回去，让他“自吞苦果”。由于预期与现实的差异性和戏剧性，幽默也随之产生。

双方无意间发生冲突，或自己不小心触犯到别人而遭到责怪时，进行的回击不能像第一种情况那样锋芒毕露，咄咄逼人，而要尽量缩小影响，转移矛盾。使用张冠李戴幽默术时也要尽量避免直接“戴”回对方，而是带到一个与双方都没有关系的第三者身上。“戴”得巧妙，幽默的意味自然就流露出来了。

6. 装傻

装傻、装糊涂，故意装不懂，有时也能产生一种幽默的效果。许多小品演员就是运用了这一艺术。

莎士比亚在他的著作《第十二夜》中，让主人公薇奥拉说出了这样一句话：“因为他很聪明，才能装出糊涂人来。彻底成为糊涂人才有足够的智慧。”

在一些意外的场合，常常碰到一些意想不到的事情，处理不好就很尴尬。此时要化解尴尬，不妨假装糊涂。

7. 夸张

夸张是指为了表达强烈的思想感情，突出某种事物的本质特征，运用丰富的想象力，对事物的某些方面着意夸大或缩小，作艺术上的渲染的修辞手法。看似不合情理，但却很幽默。

夸张的例子在生活中比较多。古代李白诗句有“飞流直下三千尺，疑是银河落九天”。

这里幽默的夸张，与修辞格中的夸张有所不同，它主要指讲话的人把自己的经历或能力或所见所闻用令人吃惊的语言渲染、吹嘘到离奇乃至荒唐的程度。

运用夸张时，需要一种调侃的态度，可以运用大词小用、小词大用、同词谐用等方法。

第五章

遭遇尴尬，会说可以让你看起来更可爱

通过自嘲，堵住别人的嘴巴

自我解嘲术，指以自我嘲弄的形式，自贬自抑，堵住别人的嘴巴，摆脱窘境，从而争取主动的一种舌战谋略。聪明自信的女人，往往善于用自嘲来化解尴尬。

尴尬是遇到处境窘困、不易处理的场面而使人张口结舌、面红耳赤的一种心理紧张状态。在这种时候，人的感受比公开的批评还使人难受，引起面孔充血、心跳加快、讲话结巴等情况。没有人愿意碰到尴尬，但是，人在生活中又不得不随时面对。遇到尴尬局面，如果真的动气，别人还会说你没有涵养。有没有更好的应对尴尬的方式呢？

此时，自嘲或许是化解尴尬最好的良方。

运用自嘲，既能委婉地表达自己的意图，又使对方乐于接受。所以当交谈陷入窘境时，逃避嘲笑并非良方。相反，你怒不可遏地反唇相讥会遭到更多的嘲讽，不如超脱一点，自嘲自讽，反而显得豁达和自信。这种超脱使自己摆脱了“狭隘的自尊心理束缚”，又堵住了别人的嘴巴。

当突然陷入交际的窘境之中，不知如何是好的时候，一个会说话的女人能借助自我解嘲，化尴尬为融洽。所以，不会什么也别不会自嘲。矜持的女性也不妨放下架子适时采用，定能收到奇效。

我们可以从以下几个方面进行自嘲：

1. 嘲讽自己的长相

比如一个女生曾这样嘲笑自己的长相："我这长相，对不起观众，上街都得备着钱，以防有损市容被罚款。"这种自嘲不仅不会被他人轻视，反而会让他人认为你是一个非常活泼可爱的女生。

2. 嘲讽自己做过的蠢事

在一次作家聚会上，萧小姐向朋友们讲述了她曾做过的一件蠢事：

我年轻的时候，刚刚在社会上有一点儿名气。有一次，我逛街的时候，看到一个非常可爱的小姑娘，很是喜欢，便走过去哄着小姑娘玩了很久。等到我要走的时候，便对小姑娘说："你回去告诉你妈妈，今天有一位著名作家陪你玩了一天。"

小姑娘眨眨眼，天真地回应道："你也回去告诉你妈妈，今天同你玩的是一个小天使。"

说完，萧小姐笑了起来，朋友们也被她逗得大笑起来。

敢于嘲讽自己做过的蠢事，不仅可以扫除心头存留的尴尬，还展示出自己豁达的胸襟，过人的自信和勇气，赢得朋友的敬佩。

3. 嘲讽自己的生活遭遇

一位女作家在大会上发言时说："青年作家梁晓声是我们北大荒的'荒友'，他写了《这是一片神奇的土地》《今夜有暴风雨》两部作品。我们看了高兴极了，把我们这些'倒霉蛋'全写进去了！"

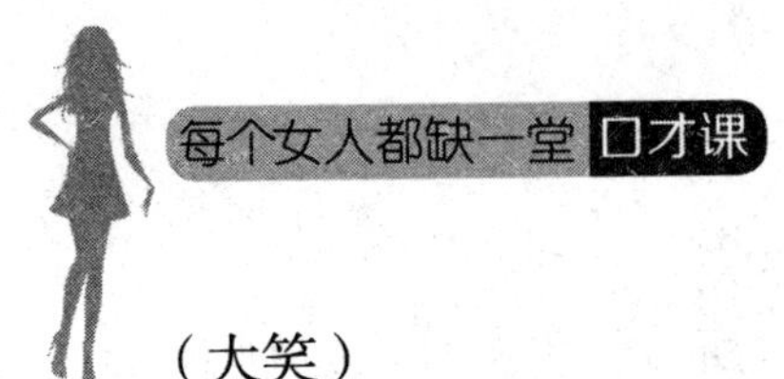

（大笑）

“上山下乡的时候，是鼓满了风帆，开足了马力的航船，后来就破衣褴衫地返航了。”（笑）

“转眼我们都成了家，又有了副产品，生了小孩，（笑）在各个工作岗位上找到了归宿。”

在这，“倒霉蛋”“破衣褴衫”，把“生小孩”说成是“副产品”，都是诙谐性词语，说者恰到好处地运用它来嘲笑自己的生活遭遇，表达了她对生活的调侃之意，产生了风趣幽默的效果。

4. 把自己的优点当缺点嘲笑，也能产生幽默效果

比如一个脸上长痣的女生，可以这样来自我调侃一番：大家常说我是“智多星”，其实我不过是脸上多长几个痣而已。“智多星”本是对优点的称赞，但巧妙地把它嘲笑成是脸上多长几个痣，优点当缺点来嘲笑，既可以体现自己的谦虚，又产生了幽默感。

5. 还可以对家境、生活习惯、缺陷等来一个系列大嘲讽

这种系列式自嘲，文雅诙谐、别出心裁、妙趣横生，令人捧腹，能创造出浓郁的幽默美感。

适当地自我解嘲，可以放松自己，帮助自己摆脱尴尬，还能和别人形成良好的互动。一个睿智的女人，当自己陷入尴尬之中时，一定不会忘记拿起自嘲这件武器。

话题卡壳，不要恋战

在与他人交谈时，往往会遇到说不下去的情况。

比如口误。俗话说，马也有失蹄之时。语失、口误，这是日常生活和工作中常常会碰到的事，有的人遇到诘难时搜肠刮肚也找不到合适的答案，造成场面尴尬。

再比如，当人们想要更好地切入正题的时候，特别是由于双方意见、条件相距较大，且又都不愿意做出妥协和让步的时候，就比较容易出现僵局。

此时，如果硬说下去，必然会适得其反，走入死胡同；但如果转移一下话题，引发对方的兴趣，并造成浓烈的沟通气氛，就会使交谈产生“柳暗花明又一村”的新景象。

比如“正如您所言，这是非常重要的问题，所以稍后调查再作报告，在这之前先……”“这些宝贵的意见且先搁置，我们换个角度来看……”等。这其实就是一种“转移话题法”，在话题要走向不利于自己时，转换话题也是化解尴尬的一种技巧。

运用转移话题的说话方式，可以使你从窘态中得以自我解脱。它可以转移别人的注意力，瞒天过海；可以拖延时间，平息别人的怒火，避免正面冲突，维护双方的面子。睿智的女人将之当成一种化解尴尬的良方。

人都有遇到谈话陷入尴尬的时候，此时不应慌乱，而应及时地、有针对性地、有选择性地转移话题来化解尴尬。在转移话题的时候要自然，这样对方才能接受你的话题。也可以在新的话题中适时插入旧的话题，让对方的思想和情绪比较连贯，这是一个灵活妥当的好办法。

伯尔赫斯·斯金纳教授，是哈佛大学著名的心理学家。他经过多年潜心研究，出版了一本关于心理学的书，这本书出版之后，很快就得到了大家的一致好评。很多报社都想采访伯尔赫斯·斯金纳教授，想让他谈谈写作的经验，但伯尔赫斯·斯金纳教授不善言谈，自认为没什么写作经验，这本书只是一些浅谈，故一一拒绝了。

一天，某文学报的一位年轻记者去哈佛大学采访伯尔赫斯·斯金纳教授，让其谈谈写作的经验。伯尔赫斯·斯金纳教授仍然不想说。

眼看着采访就要陷入僵局，年轻记者抬起头来看见了他办公室阳台上放着几盆绿色植物，其中包括玫瑰花、大丽花及金盏花等，于是她说道："教授，这是您亲自栽培的吗？看得出来，您对绿色植物有一定的研究，您不知道，我对栽培技术一窍不通，种的花成活率很低。不如您传授一些栽培技术吧。"

"好的。"伯尔赫斯·斯金纳教授说，神情显得很愉悦。

到这里，采访气氛顿时变得融洽起来。

"小姑娘，你过来看，玫瑰喜欢阳光充足、土壤疏松、通风良好的地方，定期还要松土、追肥等。”在谈话中，年轻记者非常仔细认真地倾听着，并做好笔记。伯尔赫斯·斯金纳教授越说越来劲，滔滔不绝地竟然说了一个小时。

这位年轻记者趁着斯金纳教授兴致高昂的时候，说道：“教授，您看您对绿植真的很有研究，以后我一定要向您多请教。您大概还不知道吧，有一位崇拜者曾经这样评价过您，说您是一个技艺高超的技术专家，同时还是一位英勇的科学家，敢于打破旧思想，提出新思想，脱离了时代的局限。您认为这个评价客观吗？”

斯金纳教授非常谦虚地说：“首先我要感谢那个人对我的评价，不过真的没有说的那么夸张，我在写关于犯罪心理学的书的时候……”就这样，伯尔赫斯·斯金纳教授开始介绍自己的写作经验。

这个故事也证明，转移话题是一种很有效的化解危机的方法。要想成为一个有智慧、会表达的女人，一定要学会在遇到尴尬的时候转移话题。

善意的谎言有时候就是善解人意

人生的历程就像是穿越一片危机四伏的丛林，毫无顾忌地横冲直撞，必然会陷入尴尬的陷阱而难以自拔。而此时如果能够撒个谎，

绕个弯，反而能轻轻松松地化解尴尬。

在尴尬面前，谎言可以说是女人优雅美丽的外衣。

有时候，虽然我们能如实地说出自己的想法，明确地拒绝或者坦诚地否定，但是对方未必会认为你的诚实是值得赞赏的美德，也不会认为诚实是对他的一种尊重，反而会认为你是不给面子，故意给他难堪，自然不会对你有什么好感。就算明知你说的是忠言，可是因为逆耳，难以接受内心对赞美的期待和得到否定的落差，于是恼羞成怒，以后一有机会就会以牙还牙，成为你的敌人。

生活中，“不得不说谎”的情况比比皆是。譬如说一位女性对自己的年龄讳莫如深；一位商人对自己的利润只字不提；一位你不喜欢的人向你借钱时，你会说“正巧我手头也紧张”……必要的谎言，能够化解一些较难回避的尴尬。

女人一定要记住，做人有时候不能太实在，有些谎言是必需的，它可以让你轻松摆脱尴尬，赢得别人的好感。

有一个这样的寓言故事，很鲜明地说明了这一点。

在一次盛大的舞会上，实话先生见到一位风韵犹存的老女人，他走过去向她行礼，说：“您使我想起您年轻的时候。”

老女人微笑着说：“怎么样？”

“很漂亮。”

“难道我现在不漂亮吗？”老女人带着几分戏谑说。

实话先生非常认真地说：“是的，比起年轻的您，您的皮肤松弛，缺少光泽，还有皱纹。”

老女人的脸一阵白一阵红，尴尬地瞪着那双略微愠怒的眼睛，刚才的自信消失了。

这时，撒谎先生来到老女人面前，彬彬有礼地邀请老女人跳舞，说："您是舞会上最漂亮的女人，如果您能接受我的邀请，我将是舞会上最幸福的人。"

老女人眼睛顿然闪出迷人的神采，她伸出了应允的手。撒谎先生和老女人在舞池里跳了一曲又一曲。老女人沉浸在无比的幸福之中。

翌日，他们各自收到一封讣文。

实话先生打开信后看到这样一行字："实话先生，你是对的。衰老、死亡不可避免，但说出来却如雪上加霜，我把一生的日记赠送给你，那才是我的真实。"

撒谎先生打开了老女人留给他的遗笔："撒谎先生，我非常感谢你的谎言。它让我生命的最后一夜过得如此美妙幸福；它让我生命的枯木重新燃起了青春的活力；它化去了我心中厚厚的霜雪。我将把我的遗产全部赠送给你，请你用它去制造美丽的谎言吧！"

如果实话带给人的是难堪和痛苦，带来的是尴尬，而谎言则可以让人愉快并保持积极的生活态度，此时，是否选择"谎言"会好一点儿呢?

谎言有善恶之分。所谓"诚实守信"，都是针对恶意的谎言而言的，而善意的谎言有时则可以化解尴尬，创造出人生中一种独特的美丽。

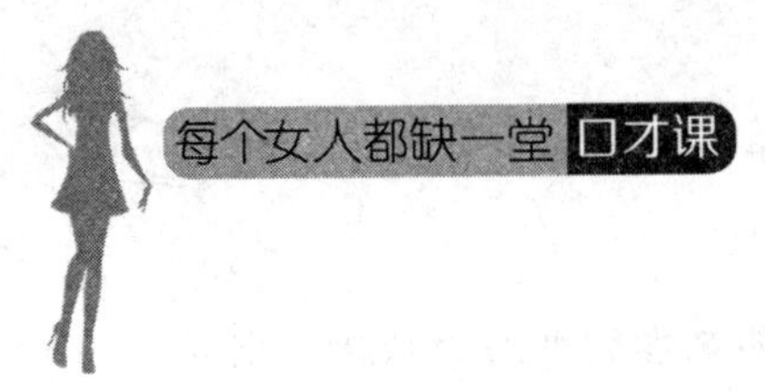

微笑回击，先礼后兵才是王道

生活好比一场热闹的大 Party，我们周旋其中，总会遇到一些言语上的冒犯。既然不能寄希望于所有人把我们供起来，那就只能学会用语言来保护自己。

面对别人言语上的恶意冒犯，女人一定不能软弱。无言以对不仅让对方更加肆无忌惮，而且让众人都看不起自己。面对别人的恶意冒犯，只有奋起反抗，用最深刻的语言，一语中的地加以反击，才能给自己挽回面子，给自己增加自信心，不再惧怕外界的刻意侮辱。

比如，你受到了称赞，你的同事说："某某领导，专门注意漂亮女人的工作情况。"你回答说："这完全是工作关系，和漂亮不漂亮不沾边。"反而给人一种解释的感觉，似乎从反面去印证对方的话。你可以说："你总是打扮得比谁都漂亮，怎么没得到某某领导的青睐！"如果对方是你同一个部门的人，你可以说："我以为你会为我高兴，因为我也为你争了光。"

面对攻击，最不可取的做法就是"以牙还牙"：当别人无礼时，以更无礼的方式来回应；当别人粗鲁时，就以更粗鲁的方式反击，不肯退让半步。以柔克刚，微笑反击，才是智慧女人面对别人的恶意攻击时所做出的明智的反应。

在反击之前，要使自己有十几秒至几十秒的冷静期，以便弄清对方对你讲这种话的目的。如果证实对方的确怀有恶意，毫无悔改之意，那就完全没必要保全其面子，你应当勇敢反击。

反击不困难，最重要的就是要先礼后兵。这个“礼”不是他人恶语既出之后摆出来的，而是长期注意使周围听众看客有目共睹，针对恶语者获得舆论上的优势。

如果能做到先礼后兵，那么当我们遭遇恶语，人心自有所向，大家会说“哎呀那个A这么有礼貌，那个B还这样说话”，而不是传来传去，“谁先开的口”都成了悬案。

当然也不能光有礼貌，一味礼貌只会让别人觉得你软弱可欺，即使伤害了你也不会产生愧疚，反而还会对你进行更大的攻击。而且，既然对方已经有目的地对你发出了攻击，就是想要看你“如何反应”，你装没听见、不做反应、保持礼貌，应该不是对方想要的答案，此时就需要你发挥你的聪明智慧，进行委婉而又准确有力的回击。

小薇在一家饭店里做服务员。小薇正处在热恋中，她与男朋友每天总要通一次电话，似乎总有说不完的话。饭店老板有好几次都逮到她在工作时间内打电话，这让老板对她非常不满。

这天，小薇又躲在饭店一个僻静的角落里和男朋友通电话。饭店老板下来视察工作，此时正好从她身边经过。结果，小薇又被逮到了。

当时，饭店老板并没有说什么。当小薇打完电话，回到大堂，准备继续工作的时候，饭店老板叫住了她："小薇，对你每天总接电话的行为，知道我是怎么想的吗？"

小薇知道自己有错在先，一顿批评肯定是逃不掉的，但是，小薇心想：现在是在大堂里，有那么多顾客和同事，如果在这里接受批评，自己面子上肯定下不来。聪明的小薇想了一下，笑着说："老板您大概是想，怎么总有顾客给我打电话呢？"

饭店老板一时语塞，想了一想，也就不再追究，放小薇去工作了。临走时，老板脸上愤怒的神色已经减了不少。

快下班的时候，小薇来到老板办公室，主动承认了错误，获得了老板的原谅。

微笑回击，既柔中带刚，又不失风度，往往是女人最好不过的回击办法。

遇到别人的冒犯与攻击，千万不要动怒，也别发火。如果失去了泰然自若的态度，以硬碰硬，就只能使对方占据上风，于己不利。明智的做法，就是以柔和的言语来融化对方的刚硬，打动对方柔软的部分，这样，不仅可以让自己摆脱尴尬，同时还能赢得别人的尊重。

会说话的女人，懂得替别人解围

俗话说：智者善于替人解围，愚者遇事避而远之。意思就是智者在人需要的时候，常会不失时机地为人解围扶困，从而赢得更多的友谊；愚者对于己无关的事会避而远之，虽然看似自在，却也疏远了别人，当自己陷入尴尬的时候，很难得到别人帮助。

所以，当别人陷入尴尬境地时，女人可尽量运用自己的口才，帮助别人摆脱尴尬。

在一次颁奖晚会上，郎朗凭借着自己在音乐领域的成就，成为了获奖嘉宾中唯一一位“80后”。获此殊荣，郎朗感到非常兴奋和激动。

可是，晚会现场发生的一件事情让他大出意外，险些陷入尴尬走不出来。

晚会现场，同样来自东北的一位嘉宾问了郎朗一个问题，他说：“我说的英语带有东北味儿，你弹的钢琴曲有吗？”郎朗一时间愣住了，他弹的钢琴曲当然不会有东北味儿，可是总不能直接回答没有吧。郎郎不知如何回答是好，显得有点尴尬。就在这时，主持人杨澜说：“让郎朗弹一曲不就知道了。”就是这简单的一句话，却很好地帮郎朗解了围，

杨澜也因此受到现场嘉宾的高度称赞。

帮别人解围，让其从尴尬的泥潭中走出来，是一种善意的举动，展现出来的是高尚的品格和良好的素质。当你身边有人在聊天的过程中落入尴尬境地的时候，你身处其中也会觉得尴尬，何不运用自己的智慧，帮助别人？你在帮助别人的过程中，也会得到别人的尊敬，从而也就愉悦了自己。

帮别人解围不是随意就能做到的，在帮别人打圆场的时候，必须要注意一个问题，就是要避免嘲讽其他人，否则你的圆场不仅没有效果，还有可能会让气氛变得更加尴尬，还不如不说。

另外，在帮别人打圆场的时候，还需要一定的观察能力。当你发现尴尬的气氛是由于交谈双方因为意见不一致而导致的，就要格外小心了。如果你能够巧妙地将双方的分歧分解为事物的两个方面，让分歧从各自的角度看都显得正确，那你也能化尴尬于无形；但如果你实在想不出好办法，还是闭上嘴巴，不要再去“和稀泥”了。

成为一个像杨澜一样，善于为周围的人解围、打圆场的人吧，这样，你不仅帮助了别人，同时也展现了自己的智慧和优雅，并因此获得别人的信任和赏识，为自己赢得一个好人缘。

巧妙应对敏感话题，不让场面陷入尴尬

女人每天都会处理各种各样的问题，有些可以轻松应对，有些则有些招架不住，尤其是那些敏感问题，一旦稍有不慎就可能产生无法预料的后果。能够巧妙处理敏感话题的女性，必然会让人们刮目相看。

职场上，很多女人在求职面试时都遇到过敏感的问题，考官直接爽快地将问题抛出，而求职者不得不费力思考如何回答那些刁钻的提问？哑口无言肯定是不对的，这会给考官留下非常坏的印象。不经考虑，随意乱说一通也不行，不仅可能答非所问，还显得自己很轻浮，让考官觉得你根本就不重视这份工作。如此一来，结果就可想而知了。

生活中，家是一个人最放松的地方，在家里可以随心所欲地做自己喜欢的事，和爱人也可以很随意。但凡事都是有度的，即使是和自己的爱人，有些话题也会显得很敏感，不能想怎么说就怎么说。要是一不小心伤害到爱人的痛处，会导致两人的不合，即使爱人没有当面表示不满，也有可能将它深藏心底，久而久之，对两人的感情会造成极大的危害。

不管是面对自己的好友还是亲人，不管是在工作中还是在生活中，处理不好敏感话题会对女人产生十分不利的影响。敏感话题和其他话题的区别在于，它牵涉到的每个方面都非常重要，受到人们的重视。对这类话题不作回应不好，可回应不到位又会引来很多问题。所以，最好的办法是巧妙地将问题敷衍过去，既让人觉得你做了回应，可又不能从你的回应获得明确的看法，这就是“打太极”式的说话技巧。女人，尤其是职场中的女人一定要掌握这样的说话技巧，否则，某些时候你的工作可能很难一帆风顺。

李敏在女儿3岁时，将母亲从老家接过来照顾孩子，自己重返职场。在一次面试中，考官问了很多问题，李敏回答得也比较得体，并没有为难的地方。但随后，考官就问了一个非常敏感的问题，考官问李敏：“你认为家庭与事业之间存在着难以克服的矛盾吗？”这个问题对刚毕业的学生来说也许不算什么，她们可以直接回答：没有。但李敏已经结婚生子，这一点考官也是知道的。李敏稍作停顿后回答说：“我认为不管是以工作为主还是以家庭为重心，女人最大的目标就是让自己活得有意义。通过工作证明了自己的能力是成功，相夫教子，使家庭和睦、孩子成才同样是成功。”

李敏没有直接回答家庭和事业间是否存在矛盾，但她通过委婉的、迂回的方式清楚地表达了自己对这个敏感话题的看法，显得很诚实，因此，李敏顺利通过面试获得了这份工作。

李敏工作后，越来越显示出自己超强的工作能力，很快就升职加薪了。有时候因为工作的关系，不能按时下班。有一次，有位上司直接问李敏："听说你爱人对你工作忙顾家少而抱怨不停呢，这是真的吗？"李敏没想到上司会问这样的问题，稍有吃惊，但她很快就镇定了下来，微笑着说："我们有时的确因为孩子的教育问题闹别扭，但事后很快就会和好，而且感情比以前更好。至于你说的抱怨，我还真不清楚，等我问过他再回答你吧。"李敏的机智回答既表明了自己的家庭并没有对工作造成影响，又没有让上司因为问了下属一个私人问题而感到难堪，可谓一举两得。

面对敏感的话题，最好的办法不是不理不睬，装作没听到，而是通过机智的回答巧妙地将话题敷衍过去，看似做了回应，但别人又不能从中抓住什么把柄。

女人遇到的敏感话题很大一部分和情感有关，而情感类的话题也是最容易对一个人造成伤害的。而且，既然谈到情感必然会牵涉到其他人，像老公、男友或是前夫、前男友什么的，这些人对女人有着或有过重要的影响，女人有时候极不愿意提起。面对这些刁钻的话题，女人要沉着应对，万不可生气发火，否则只会引起他人无端猜测。女人要聪明地、及时地将话题一带而过，用一种模棱两可的方式即时应对。只有这样，女人和涉事人的平静生活才不会被打破。

懂得如何应对敏感话题是一种说话技巧，更是一种处世哲学。一般来说，好友、亲人或是没有恶意的人是不会将敏感话题抛给你的，除非他们是无心之失。大多数情况下，对自己不友好的人希望你出丑，希望你遇到麻烦事，所以他们想方设法地通过一些敏感话题要你难堪，处理不好还真的会给自己带来麻烦。和男人相比，女人的心思更细腻，一旦碰到麻烦，女人受到的伤害更大。如果女人能够巧妙地应对敏感话题，将不利化解于无形，女人的生活无疑会更顺心。

敏感话题一般都是关系重大的话题，如果处理不好，不仅会使自己处于不利境地，还可能使他人陷入麻烦之中。面对敏感话题时，女人要懂得“打太极”，学会装糊涂，既对话题说话，又使他人不能获得明确的信息，将敏感话题及时地避过去。这是一种说话技巧，不是人天生的，更不可能一下子就掌握，女人应该在日常的生活中多加注意和训练，多思考，多观察，从他人的言语技巧中吸取教训，借鉴经验。

第六章

灵活变换表达方式，说服别人就靠这张嘴

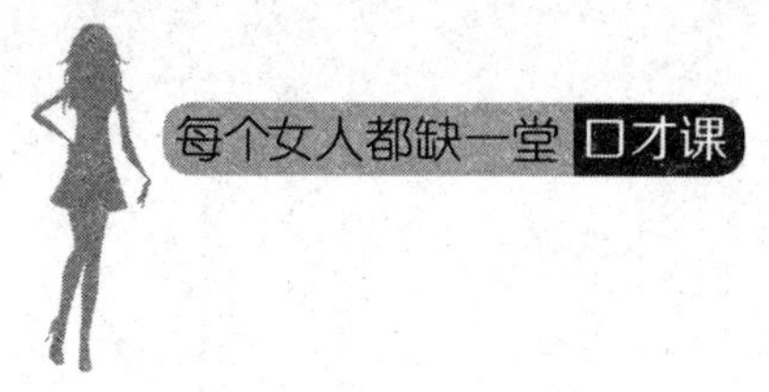

言之有物，说服不是难题

所谓说服，就是指用理由充分的话使对方心服。想要让自己的话具有说服力，说话者需要运用一定的谈话技巧。这种技巧包含有多种内容，其中言语中肯就是很关键的一条。古语讲“至诚足以感人”，如果一个人所说的话语中肯，则势必会令听众感到信服。

1915年，科罗拉多州煤铁公司的矿工为了要求改善待遇，进行了罢工，后因公司方面处置不善，使这次罢工演变成了流血的惨剧，劳资双方各自走向了极端。这次罢工，持续了两年之久，成为美国工业史上一次有名的大罢工。那时管理矿务的人，就是美国石油大王洛克菲勒的儿子。这位小洛克菲勒，最初使用高压手段，请出军队来镇压，闹成了流血惨剧，他这种做法不仅没有解决问题，反而使罢工的时间延长下去，使他的财产，受到了更大的损失。后来，他改变方法，用了柔和的手段，把罢工的事情暂时搁置不谈，特地与工人为友，到各个工人的家中去慰问，使两方面的情感慢慢地好转起来。以后，他叫工人们组织代表团，以便和资方洽商和解。他看出了工人们已经对他稍稍释去了敌意，于是，便对罢工运动的代表们作了一次十分中肯的演说。这一次演说，竟把两年来的罢工风潮完全解决了。

他在那次演讲中说：“在我有生之年，今天恐怕要算是一个最值得纪念的日子。我十分荣幸，因为我能够和诸位认识，如果我们今天的聚会是在两个星期之前，那么，我站在这里就会是一个陌生人了；因为我对于诸位的面孔还不太认识。我有机会到南煤区的各个帐篷里去看了一遍，和诸位代表都作了一次私人的个别谈话；我看过了诸位的家庭，会见了诸位的妻儿老幼，大家对我都十分的客气，完全把我看做自己人一般。所以，今天我们在这里相见，我们已经不是陌生人而是朋友了。现在，我们不妨本着相互的友谊，共同来讨论一下我们大家的利益，这是使人感到十分高兴的。参加这个会的是厂方的职员和工人代表，现在蒙诸位的厚爱，我才能在这里和诸位相见并努力消除一切矛盾，彼此成为好友，这种伟大的友谊，我是终身不会忘掉的。我们大家的事业和前途，从此更是变得无限光明。在我个人，今天虽然是代表着公司方面的董事会，可是，我和诸位并不站在对立的地位，我觉得我们大家都是有着密切的关系和友谊的。与我们彼此有关的生活问题，现在我很愿意提出来和大家讨论一下，让我们一起从长计议，获得一个双方都能兼顾到的圆满的解决办法，因为，这是对大家有利的事……”

小洛克菲勒的讲话，虽没有华丽的辞藻，但话语中肯，引起了矿工们强烈的共鸣，一下使自己脱离了困境。

说话除了话语中肯之外，还要言之有物，两者相辅相成，才能达到预期的效果。

《周易·家人》：“君子以言有物，而行有恒。”人们在日常生活中都会遇到这样的情况，不管是听别人做讲座，听领导作报告，还是和周围的人聊天，都会碰到言之无物、空洞乏味的时候，上面讲得很热闹，下面听众却觉得困顿乏味，嫌内容假、大、空，虚无缥缈，不知所云。听众最怕听到的演讲言之无物，不知所云。

为什么会出现言之无物的情况呢？究其根本，问题在于谈话者、演讲者没有很好地理解自己的演讲内容。自己都不明白为什么要说话，怎么能期待给听众一个内容充实、言之有物的演讲呢？要解决这个问题其实并不困难，简单地说就是要很充分地精心准备自己的演讲内容，在演讲、讲话之前比较透彻地理解问题。

有一天，林肯律师事务所来了一位步履蹒跚的年老寡妇，她是一位阵亡士兵的妻室。她向林肯泣诉，说她应该领取的四百元的抚恤金，被一位发放抚恤金的官吏，强行索去二百元的手续费。听完这件事，林肯勃然大怒，立刻为她向法庭对那位官吏提起诉讼。

开庭的时候，林肯用愤怒的目光看着被告，他所说的话，差不多每个字都是十分的中肯且言之有物，那种严正的态度、热烈的情感，几乎使他跳起来剥掉那位被告的皮：“时间一直向前迈进，在 1776 年的英雄，已经成为过去了，他们是被安置在另一个世界中了。但是，那位英雄，已经长眠地下，他的年老衰颓而且又跛的遗孀，此刻来到我们的面前，请求替她申冤。在过去，她也是体态轻盈、声音曼妙的美丽少女，现在她贫无所依了，没有办法，只好来向正在享受着革命先烈所争取到自由的我们，请求同情的帮助和人道的保护。我现在所要问的是，我们是不是应该援助她？”

当林肯这样一段中肯的话说完后，有人已感慨得流下眼泪，大家一致认为那老妇人的抚恤金是分文不能少给的。法庭最后分文不少地追回了士兵遗孀的抚恤金，严肃审判了那个官吏。

林肯的一段话就是“言之有物”的最佳体现：有知识，有思想，有内容。他的一番话让人们想起了美国最艰难的那段岁月，想起了那些去往另一个世界的战争英雄，激起了人们内心对这位老妇人的同情与愧疚。因而很轻易地追回了抚恤金，并严惩了那位中饱私囊的官吏。如果林肯只一味地回忆当初的岁月，或者只一味地同情这位老妇人，那最后取得的效果必定不如现在。

言之有物方能够打动人心，这就要求我们说话时一定要具体，要有内容，不要说大话、空话，否则说得再多也不会说进人心。比如“有时间我们吃顿饭”和“下周一中午，我们在XX餐厅一起吃顿饭。”这两句话你觉得哪个更真诚？很显然，前者只是客套话，后者有时间地点，显示出了邀请人的真诚。所以，言之有物，内容一定要具体，具体才显真诚，只有如此才能够说服人心。

委婉表达，让对方更易接受

我们每个人都有自己的一系列的观点与看法，它支撑着我们的自信，是我们思考的结果。无论是谁，遭到别人直言不讳的反对，尤其是当受到激烈言辞的迎头痛击时，都会产生敌意，导致不快、反感、厌恶乃至愤怒和仇恨。

迂回地表达你的建议，可避免直接的冲撞，减少摩擦，使人们更愿意考虑你的观点，而不被情绪所左右。这样，他们才有可能接受你的建议。

自然，对于很多女性来说，由于历事颇多，久经世故，是能够临危而不乱、沉得住气的，一般不会做出言辞过激的反应。但是，在生活中容易受情绪左右，容易意气用事的女人也不乏存在，这些女人在较为复杂的事态面前，往往缺乏冷静，急躁而不能控制自己，常常强词直言，不知迂回，既使别人尴尬，也使自己被动，这就说服而言，是有弊而无利的。

过于直接地提出某些建议，会使他人自尊心受损，大跌脸面。因为这种方式使得问题与问题、人与人面对面地站到了一起，除了正视彼此以外，已没有任何回旋的余地，而且，这种方式是最容易形成心理上的不安全感和对立情绪的。你的反对性意见犹如兵临城下，直指他人的观点或方案，怎么会使他人不感到难堪呢？尤其是在众人面前，他人面对这种已形成挑战之势的意见，已是别无选择，他只有痛击你，把你打败，才能维护自己的尊严与权威，而问题的合理性与否，早就被抛至九霄云外了，谁还有暇去追究、探索其中的道理呢？

其实，我们会发现，通过间接的途径表达自己的意见反而更容易被人接受，这大概就是古人以迂为直的奥妙所在吧！

原因其实很简单，间接的方法很容易使你摆脱其中的各种利害关系，淡化矛盾或转移焦点，从而减少他人对你的敌意。在心绪正常的情况下，理智占了上风，他自然会认真地考虑你的意见，不至于先入为主地将你的意见一棒子打死。

英国思想家培根曾说过：“交谈时的含蓄和得体，比口若悬河更可贵”，这也鲜明地道出了说话委婉与迂回的重要所在。每个人都有自尊心，有些问题不必采用直接的方式，相反，采用间接的方法来指出问题，有时效果反而会更好。

通过迂回的办法去表达自己的意见，并力求使他人改变主张，可谓是十分奏效的方法。你无须有过多的言辞，无须撕破脸面，更无须牺牲自己，就可以说服他人接受你的意见。

须知，虽然有些话非直言不讳不行，但生活中并非处处都能“直”，有时还非得迂回、委婉些不可。对人方面，直言指出他人处事的不当，或提出一些建议来纠正他人性格上的弱点，这不是“爱之深，责之切”，而是和他过不去。而且，你的直言建议也不会产生多少效用，因为每个人都有一个内心堡垒，“自我”便缩藏在里面，你的直言建议恰好把他的堡垒攻破，把他从堡垒里揪出来，他当然不会高兴！因此，要善用迂回之术，这样他人会更容易、更乐意地接受。

说服他人重在一个“巧”字

社会是一个很大的舞台，在这个舞台上，女人如何才能从容应对人情世故，得心应手地扮演自己的角色呢？其中不可忽视的，也是最重要的一点，就是学会巧妙地说话。在社会交际过程当中，懂

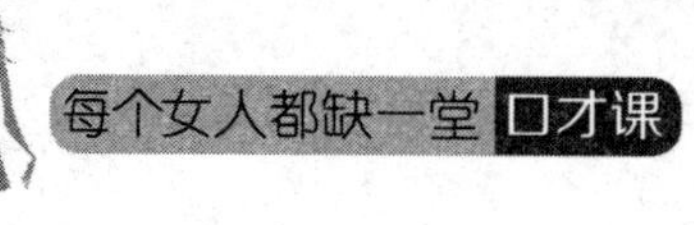

得巧妙地说话必能处处讨人喜欢，让自己成为深得人心的女人。

在北方的一个村庄里，住着一位年过六旬，左眼失明的黄老汉。老汉孤独一人，由于后继乏人，他收养了一位十来岁的小女孩，取名“黄凤”。老汉常为自己的遭遇悲叹不已，总是思忖着原因何在。一天，他冥思苦想之后，觉得找到了自己不幸的“根源”：原来，他的左邻右舍都姓“陈”，而“陈”与“沉”同音，他觉得他们“沉沉”地压着自己，使自己不能飞黄腾达，因此，闹着要搬家，乡、村干部多次做工作，他就是不听，闹得不可开交。

正在这时，同村的妇女主任刘嫂好言将老汉扶到自己家，倒上一杯茶说，“老黄哥，您不能动气，要注意身子骨啊！好生活还在后头咧！”老汉的气顿时消了许多。刘嫂又接着说：“您别怪别人多嘴，您咋傻了呢？搬啥家？若是我呀，杀头也不离开那个富窝儿呀！”一句话说得黄老汉愣愣地望着她。刘嫂接着说：“您说，东邻姓陈，西邻也姓陈，您可知道他们是什么吗？那是文臣武将的‘臣’！您左有文臣，右有武臣，保着您这个黄（皇）帝，您还不知足？”老汉开始乐了：“刘主任，这话当真？”“这还有假，这不明摆着吗？我看正因为这样，您家的生活是一天比一天好。您的女儿又聪明又伶俐，黄凤，黄凤，不就是凤凰吗？用不了两年，双翅一展，就奔好前程去了。我说老黄哥，这是福地，说实在话，别人就是想住，怕也住不上呢！”刘嫂一席话，使黄老汉眉开眼笑。之后，老黄再也不提搬家的事了。

刘嫂凭借如花的巧言说服了黄老汉，她的话句句在理，通俗明白，说服老人理所当然。

一般来说，巧言有以下方法：

1. 应先了解对方的一些经历和生活状况

在应酬当中，不同的人思维方式迥异，他有他的想法，你有你的观点，交谈能否融洽则在于你对话题的选择。假如你不了解他的情况，只顾一味地按自己的喜好夸夸其谈，滔滔不绝，他肯定没有兴趣同你交谈；假如你知道他现在想要知道的、迫切需要了解的话题，同他促膝长谈，他肯定会津津有味地倾听你的述说。

2. “小气”常使一个人吃亏，要常常保持中立，保持客观

按照以往的经验，一个态度中立的人，往往可以争取到更多的朋友。对事物要有衡量其中价值的尺度，不要顽固坚持某个看法。假如有必要对事情保守秘密，就一定要保密。一个人不能保守秘密，会在任何事情上都出现过失。不要说得太多，想办法让别人多说。如要对人亲切、关心，应竭力去了解别人的背景和动机。

不该说话时说了，是犯了急躁的毛病；该说话时却没说，会失掉了说话的时机；不看对方的态度便贸然开口，叫闭着眼睛瞎说话。

在交谈过程中，双方的心理活动是呈渐变状态的，这就要求我们在与人交谈中应兼顾对方的心理活动，使谈话内容与听者的心境变化相适应并同步并行，这样才能让交谈意图达到明朗化，从而引起共鸣。

3. 应清楚对方的身份和性格特性

性格外向的人易于“喜形于色”，和他可以侃侃而谈；性格内向的人多半“沉默寡言”，对他则应注意委言婉语、循循善诱。

掌握了以上的谈话方法，并将其成功地运用在社交场合，你便可以在社会交际中游刃有余。

社交场合的交谈不仅是一门技术，更是一门艺术。灵活巧妙的语言既能够令你在社交中运筹帷幄，也能顺利打开人际交往的新局面。在现实生活中，人们要交流信息、沟通思想，就必须拥有语言交流的能力，不善言谈的女人是很难让人了解其价值的。

动之以情，让对方“缴械投降”

法国启蒙思想家狄德罗有句名言：“没有感情这个品质，任何笔调都不能打动人心。”苏东坡曾如此评价三篇文章：“读《出师表》而不落泪者，必定不忠；读《祭十二郎文》而不落泪者，必定不友；读《陈情表》而不落泪者，必定不孝。”由此可见这三篇文章“以情服人”的功力。

人，是有感情的动物。不管是写文叙事，还是人际交往，都少不了以情感打动人心。尤其是在说服过程中，动之以情，往往更具有说服力、感染力，更能够达到理想中的说服效果。聪明的女人深知这个道理，她们说话时总是“以情带头”，说动人心。

有这样一个女人，她以非凡的口才和感召力，改写了近代欧洲的历史。她就是拿破仑的初恋情人欧仁尼·克莱雷。

1815年6月18日，拿破仑兵败滑铁卢之后，反法联军对法国临时政府发出了最后通牒："停止抵抗，拿破仑离开法国，否则将血洗巴黎。"法国临时政府同意了这一要求，但一代枭雄拿破仑却决心孤注一掷，再次与反法联军决一死战。

巴黎处在危急之中，有人突然想起了欧仁尼·克莱雷，认为让她出面说服拿破仑也许能挽救危机。当年由于政治的需要，拿破仑放弃了纯真的爱情，与有着政治背景的约瑟芬结为夫妻，曾使年轻的欧仁尼·克莱雷痛不欲生。正当她欲跳进塞纳河自尽之时，拿破仑手下的大元帅贝纳多救了她，并与她结了婚。但实际上，拿破仑对她一直怀有深深的爱恋之情。

当欧仁尼·克莱雷出现在拿破仑面前时，人事沧桑，今非昔比的感慨深深刺痛了拿破仑高傲自负的心。欧仁尼·克莱雷看着怆然的拿破仑，没有用激烈的言词去刺痛他，而是与他一起回忆当年充满温情的甜蜜岁月，终于使得拿破仑早已泯灭的热爱和平的愿望重新出现，而一切不合实际的狂热妄想在欧仁尼·克莱雷的宽容大度面前彻底地冷却下来！他拔出了在滑铁卢战役中使用的战剑，交给欧仁尼·克莱雷，表示投降了。

像拿破仑这种叱咤风云的人物，都会被说在心坎上的话摧垮，更何况其他人。

在交际中，人们难免会遇到难办的事，这时候，一般中国人都喜欢去讲情。那么，怎样讲情会取得更好的效果呢？那就是把话说到对方心里，触发对方的恻隐之心。

要触发对方的同情之心，一般情况下女人是有性别优势的，她们所下的工夫要比男性少得多。

在美国经济大萧条时期，有一位17岁的姑娘好不容易才找到一份在高级珠宝店当售货员的工作。在圣诞节的前一天，店里来了一位30岁左右的贫民顾客，他衣衫褴褛，一脸的疲惫和谨慎，他用一种不可企及的目光，盯着那些高级首饰。

姑娘要去接电话，一不小心，把一个碟子碰翻，6枚精美绝伦的金戒指落到地上，她慌忙捡起其中的5枚，但第6枚怎么也找不着。这时，她看到那个30岁左右的男子正向门口走去，顿时，她醒悟到了戒指在哪儿。当男子的手将要触及门柄时，姑娘柔声叫道："对不起，先生！"

那男子转过身来，两人相视无言，足足有一分钟。

"什么事？"他问，脸上的肌肉在抽搐。

"什么事？"他再次问道。

"先生，这是我好不容易找到的工作，现在找个事儿做很难，是不是？"姑娘神色黯然地说。

男子长久地审视着她，终于，一丝柔和的微笑浮现在脸上。

"是的，的确如此。"他回答，"但是我能肯定，你在这里会干得不错。"

停了一下，他向前一步，把手伸给她："我可以为您祝福吗？"

他转过身，慢慢地走向门口。

姑娘目送着他的身影消失在门外，转身走向柜台，把手中握着的第6枚戒指放回了原处。

这位姑娘成功地要回了男青年捡起来的第6枚戒指，关键是她在尊重谅解对方的前提下，以“同是天涯沦落人”凄苦的言语博得对方的真切同情。“这是我好不容易找到的工作，现在找个事儿做很难。”这句真诚朴实的表白，却饱含着惧怕失去工作的痛苦之情，也饱含着恳请对方怜悯的求助之意，终于感动了对方，对方也巧妙地交还了戒指。试想，如果呵责怒骂，甚至叫来警察，也可能会找回戒指，但姑娘的“饭碗”能保得住吗？

因此，我们在说话的时候，一定要有分寸，把握好情感，要动之以情，让每句话产生巨大的力量，在对方的心里激起波澜，彻底打动对方，以助我们成功办事。

导而劝之，使对方欣然接受

导而劝之是说服的一种方法，也是一种艺术。即当发现别人的错误时，不直言其非，而是有意地把“错误”引开，再规而劝之，使人家自觉接受，乐意而改之，从而如愿以偿地达到自己的说服目的。这是女人学习说服他人应该掌握的重要技巧之一。

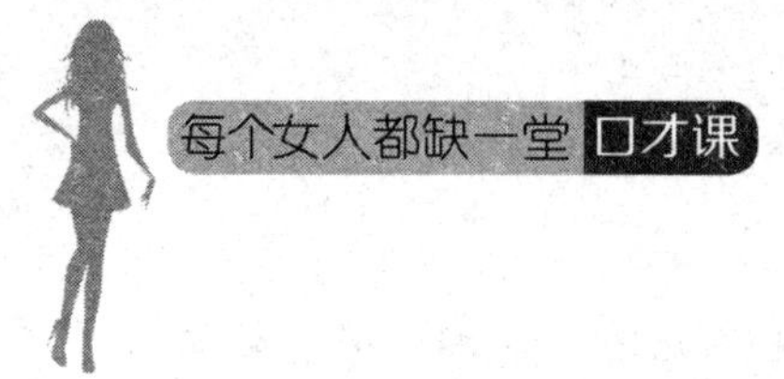

有一位开计程车的小伙子，有一个不好的毛病，就是在他开车时，一只手把方向盘，一只手伸出车外，把车开得飞快。

有一位坐车的中年阿姨，一直提心吊胆，虽然这小伙子开车技术熟练，可是谁能保证这种杂技表演式的开车法不出意外事故呢？中年阿姨几次想劝一劝小伙子，可是却不知怎么开口。她看着小伙子伸出车外的手想了半天，终于想出了一个引导的办法，让小伙子自己改正错误。这位阿姨对小伙子说："小伙子，这个地方是不是经常下雨呀？"

小伙子随口答道："可不是，六月天，孩儿脸，说变就变哪！"

阿姨关心地说："你把手拿进来怎样？如果下雨了，我会告诉你的，你一只手开车会有危险的！"

小伙子这才意识到中年阿姨是在纠正他开车时把一只手放在车外的毛病，立即一笑，把手缩了进来。

导而劝之，就是说发现人家错误之处，要有意地把"错误"引开，再规而劝之，使人家自觉地改正错误。上述故事中，中年阿姨并没有多费口舌，就使小伙子认识到错误，且马上改正了过来，其诀窍就在一个"导"字上。司机小伙子把手伸出车外，绝不是为了试试是否下雨，而是一种坏习惯。中年阿姨明白，小伙也明白。但是，如果这位阿姨直截了当地指出小伙这毛病，忠言就会逆耳。阿姨深明此理，所以她非但不言其非，反而故意往好的方面引导，一方面给小伙子留面子，一方面又指出了他的毛病，使其欣然听其说服，乐意而改之。

其实，生活中类似的例子并不少见。当你想要说服某人做某事的时候，直接指出的方式很难起到理想中的效果，甚至会引起对方的反感，更不利于目的达成。在这样的前提下，我们就应该学会“导而劝之”的说服技巧，从侧面寻找突破口，不直接点出对方的错误或者毛病，而是让对方自己意识到错误，心悦诚服地主动改正。

沉默比喋喋不休更有说服力

沉默是一种品格，沉默也是一种境界，沉默使人获得力量，沉默的人生是智慧的人生，沉默的境界是有力量的境界。

根据资深业务员的说法，运用“瞬间沉默”的策略，经常让他们做成大笔金额的交易。比起滔滔不绝的游说，适时适当的沉默反而会让人对你说的话更有印象。或许，这就是沉默反而能提高说服力的原因。

恰到好处的沉默能收到此时无声胜有声的效果。

许多时候，女人的沉默比大声吵闹更能表达自己的思想，让别人接受。智慧女人在说服过程中总是能够熟练运用沉默收到良好的说服效果。

印刷厂最近几年的效益越来越差，更替下来的旧印刷机更是卖不出去，占用着库房。女老板一直为如何处理这些旧印刷机而苦恼不已。

一次，有一家公司要购买一台旧印刷机，印刷厂女老板听到这个消息后非常高兴，想要拿下这单生意。

这位印刷厂女老板经过反复计算之后，决定以200万元为底价出售一台印刷机。几个主管都觉得这个价格太高了，对方很难接受，如果不做出退让，交易很难达成。但是，这位女老板却显得胸有成竹。

主管们很好奇老板到底会用什么样的策略来说服对方乖乖掏出那么多钱来买这台旧机器。

这天，那家公司的业务代表来印刷厂谈具体的交易细节。有两位主管代表跟着这位女老板一起参加了会议。

会议室里，双方互相寒暄之后，坐下来开始进入正题。而印刷厂女老板坐在谈判桌旁，气势沉稳，一句话也不说。

买方公司滔滔不绝地讲述了己方对于机器的要求及售后服务方面的要求，并对机器百般挑剔，希望能够把价格砍到最低。十几分钟过去了，这位女老板仍没有说一句话，只是微笑着听买方代表说自己的要求。

买主沉不住气了。这位女老板面对他们提出的要求，既不反驳，也不据理力争，完全出乎他们的预料。这让买主摸不着头脑，甚至差点儿乱了方寸。由于不知道对方在玩什么花样，于是开始胡思乱想：这位印刷厂老板如此气定神闲，莫非她还有其他的合作公司？

由于公司急着用印刷机，所以买方代表最后终于按捺不住了，低声咬着牙说："这样吧！我们出250万，但除此之外，一个子儿也不能多给了。”

250万！比印刷厂女老板预定的底价还要高出50万！

这时，这位女老板才开口，说：“成交！”

印刷厂女老板“不说话”就以高价卖出了旧机器。

事后，几位主管在赞扬老板有魄力的同时，也忍不住问她：“您就不怕把买主给吓跑了吗？”这位女老板笑着说：“这位买主因为和股东拆伙，手上资金不多，但最近又接了一批货要印，没有机器肯定交不了货，一旦违约损失更惨重，他是无论如何都要买的，为了压低价格，他只能虚张声势、投石问路，试试能不能省点钱，事实上，只要卖方不太积极回应，感觉上好像可卖可不卖，或者已经有人抢先出价了，买方心理上就会开始恐慌，深怕价格出得太低，失去了这台旧机器，因此才会急着出高价买下。”

最后，女老板自言自语地说了一句：“有时沉默比喋喋不休的争论具有更大的说服力呀！”

沉默虽然有时可以发挥出巨大的说服力量，但是并不是什么状况下都能运用的。只有在你向对方说明了事情的原委以后运用，沉默才会产生说服的效果，否则，反而会不利于说服目的的达成。

沉默不是目的，沉默是为了更好地

说服对方。如果我们在整个谈话过程中都保持沉默，那就等于你默认了对方的观点，这与我们谈话的目的是相违背的。我们沉默是为了激发对方说出更多的内容，把握住根本问题所在，抓住机会给对方有力的回击。这就像拉弓蓄力，为的是箭发时能更加有力，射得更高更远。

沉默能制造谈话中的真空，这种真空会让对方陷入较为尴尬的状态，会促使对方去打破这种状态。谈话中我们要善于运用沉默这种方法制造真空，让对方在心理上渴望解除这种不舒服的状态。只要对方的这种渴望强烈，其在说话中就会更加活跃，这样我们就能更加了解对方，更能够了解对方的需要，从而增加我们说服对方的底气。

说服就是一场心理战，谁能在对话中占据更多优势，谁就可能更好地说服对方。所以，无论在什么时候，女人都要学会沉默的技巧，该说的一定要说，不该说的就一定要保持沉默。

第七章

察言观色，读懂对方才能让表达恰到好处

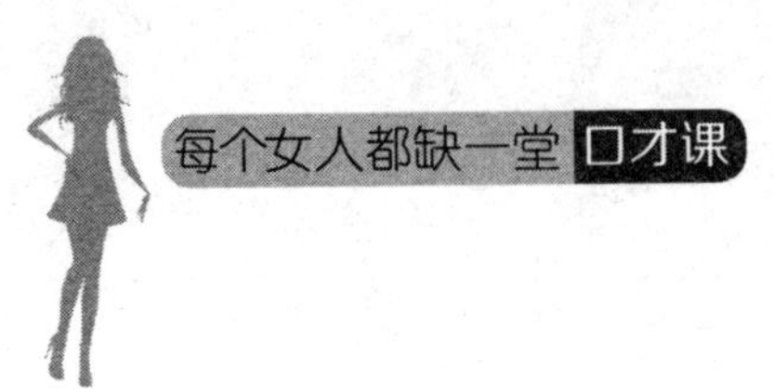

读取对方神态，了解对方的潜台词

在许多女性成长励志书籍中，都会提到语言对女性的重要性。面对不同类型的人要说不同的话，在不同的场合要有不同的表达方式，在不同的情境中语气和语调也大有不同……除了这些，女人还要学会察言观色，根据对方的神态变换自己的说话节奏。

一位摄影师专门拍摄了 2000 多张照片，来观察女性和男性的各种神态，从而发现相较于男性来说，女人的神态更加富有变化。如一个女人的坐姿不同，其代表的意味也不相同。女人和朋友在一起时，坐姿大大方方，没有任何扭捏之处；和恋人在一起时，女人的坐姿通常会紧绷一些。这些需要慢慢体会，其中有很大的区别。

神态，包括面部表情和身体姿态，

这是我们每天都能看到的，也许没有感到有什么不同，但是里面蕴涵着丰富的内涵。有的人看起来很自信，有的人看起来很害羞，有的人对你的话很介意，有的人似乎根本就没有听懂你在讲什么，虽然他们并没有说话，但是我们也能从他们的神态中推断出他们的心理。聪明的女人总是善于察言观色，说出来的话会让别人觉得很舒服。

一位哲人曾经说过："心灵的每一个活动都表现在他的脸上，刻画得很清晰，很明显。"如果你也想成为会说话的女人，就要苦练察言观色的本领。

首先要学会判断别人的神态传达出什么样的信息。

如果对方是个不自信的人，那么他在说话的时候就会神情闪烁，总是关注你的眼神，有时还会很拘谨，不知道手放在什么地方。这时，你就要多用轻松愉悦的语言与对方交流，展现你随意的一面，向对方传达一种信息："我没什么，你大胆地说，你说得很好。"这样对方才能逐渐自信，对你敞开心扉。

在交际场合，有人对你的话表示怀疑，但对方不一定直接表达自己的怀疑和反对，这时你一定要注意对方的神态。比如他们眉头不由自主地紧锁，或者咬紧嘴唇，或者悄悄摇头。那么你此时不要过于自信和张扬，自己给自己一个台阶下，以免别人忍不住与你争辩，使双方都显得很尴尬。

策划部主管美佳召集自己的下属开会，讨论一下奖金分配制度。为了激励大家，美佳制定了新的奖金分配制度，宣读完新制度后，美佳让大家说说自己的意见，一些年轻的员工都打哈哈说挺好的，美佳又专门问了资格比较老的小宋，小宋沉默了一会儿，然后说："可以。"美佳本打算再说一些鼓励的话，但是发现会上气氛很沉闷，小宋紧锁眉头，其他几个老员工也不像原来在会上那么活跃了，有的玩手机，有的拿笔乱涂，就是不开口说话。美佳一下子意识到，大家可能对奖金分配制度不满意，如果强行施行的话肯定调动不了大家的积极性。于是她话锋一转说："这个新制度只是一个讨论稿，还没有形成正规制度，也没有上报公司，只是和大家说说我的想法，大家下班以后可以好好想想，你们希望什么样的激励制度，再与我沟通。"说到这里，会上的气氛明显轻松起来，大家都不再是紧绷的姿势了，彼此讨论起自己的想法。后来一个多月，大家都相继把自己的想法告诉美佳。美佳最后制定了一个非常完美的奖金分配制度，大大地调动了全体人员的积极性。

美佳是一位聪明的主管，善于从别人的神态中看出不一样的意思。有时对方口头表示赞同，但表情却流露出不愉快和不耐烦，这时就应该想到他说的赞同的话其实是言不由衷的，或者碍于情面，或者屈于权势，才不得不这样说的。所以一定要及时调整自己的策略，以免遭受更大的阻力。

说话时希望别人都能关注你，但是很多情况下，人们对你的事情并不关心，甚至希望早点结束谈话，那么此种状态下的他们会有什么样表现呢？两眼空洞，似乎在听，其实已经走神。或者不时地看表，不时地抖腿，不时地检查手机短信……这些小动作假如你捕捉到了，就要赶紧缩短讲话的时间，或者把话题转换一下，不要成为别人讨厌的人。

当有人对你的话题很感兴趣时，他们表现得很积极，眼神关注你，身体前倾。不时地提问题，不断地鼓励你讲下去，这都是希望进一步交流的神态。此时的你就有了展示自己才华、拉拢朋友的机会了，不妨多说一些，口吐莲花，给人留下深刻的印象。

当对方生气、尴尬、心理受到伤害时，也都有一定的外在表现。多关注他们的神态，从细节观察，然后选择合适的话语。这样的女人才是最聪明，最不易得罪人的。

几乎每一种动作都是一种特殊的语言，都透露出一个人内心的真实看法，女人要力争领会它们的内在含义。举个很常见的例子，假如与你谈话的人双脚并立，双臂交叉在胸前，这就表明此人对你怀有某种敌意；谈话者常向你摊开双手，这就表明此人是真诚坦率的，他对你毫无提防之心。

并不是每个女人一下子就能得出这样的结论，这样的本领是需要经过长期的积累。如果你对判断别人神态的秘密还不是那么自信，就要学会三缄其口，谨言慎行，尽量少说话，或说一些无关痛痒、无伤大雅的话。这样就不会轻易得罪别人了。

女人学会了察言观色，学会以对方的神态决定自己的话语，说出话来就会让谈话对象感觉很舒服，在社交圈里受到欢迎。当有人对我们说“我就喜欢某某，跟她说话没有一点压力，总让我感觉舒服……”时，不要怀疑，我们身边确实有这样的女人。那就让我们加油吧，向这些女人看齐。

从对方神态决定自己说什么话，主要是用眼睛观察对方表情、形体语言的变化，从中猜度对方的心理态势，透视对方的心理需要，然后也就可以随时调整自己谈话的内容与方式，使之更适应对方的思想线索。这样，说话便可获得良好的效果，女人也能做成自己想做的事情。学会察言观色，将使女人在成功的道路上一路顺畅。

想要说好“对不起”，先要找对好时机

道歉是人际交往的润滑剂，每个人都会犯错，道歉是解开人们之间心结的一个办法。当发生不和谐时——行为或心灵上的摩擦、碰撞——道歉可以消除误解，增进友谊。尽管如此，人们往往难于开口说“对不起”。有的女人会说：“我明明向他道歉了，但是他根本就不理睬我，这让我怎么办？”这时就有人问她：“你道歉的时机对吗？”道歉还需要看时机吗？当然了，假如你道歉的时机不对，那么几乎不会产生什么效果，甚至会起到反作用。什么时候是道歉的最佳时机？

首先要看时间。一些心理学家表示，最好在失言后的 10 分钟到两天内向生你气的“受害人”承认错误。“道歉”一定要慎重，不要操之过急。假如对方已经解释了自己为什么生气，这时你去道歉，会有很好的效果。太过着急道歉，对方怒气未消，根本听不进你的解释，反而会激化矛盾；时间隔得太久再去道歉，对方的不快已经

烟消云散了，你道歉就是旧事重提了，反而是十分不礼貌的。

其次也要选择合适的场合。有的场合需要公开道歉以表达你的诚意，有的可以私下里交流，为给对方造成的伤害而道歉。选对场合会让对方感受到你的诚意和真心，误会自然就会烟消云散了。

田欢在一家图书公司任编辑，刚刚参加工作，年少气盛，做事说话都比较冲动。

有一段时间她自己负责一套图书，工作非常繁重，她几乎每天都加班，上班时都带着两个黑眼圈。这天早上，她一来就发现自己的办公桌上放着一套新书的策划方案，就猜这一定是给自己的新任务。原来的任务还没有完成，自己都快崩溃了，这不是欺负新人吗？她就气冲冲地问旁边的同事："是主管放在我工位上的吗？"旁边的同事说："可能吧。"这时正好主管路过，田欢就在主管面前把策划方案一摔说："你想使唤死人呀！我有三头六臂吗，一个人干三个人的活儿？"主管正要开口说，田欢摆摆手："好啦，好啦，别说那种打官腔的话了，什么要锻炼我，全是鬼话，我还不知道你们怎么想的吗？"主管没有说话，办公室一下子气氛凝重，这时同事小张过来说："田欢，我把我的策划方案忘你这儿了，你见了吗？"田欢一下子傻眼了，这时主管说："我想跟你说我没让你再做新书，我知道你已经够辛苦的了。"然后转身离开。田欢一天都战战兢兢，主管对她也是不冷不热，她想道歉又感觉不知道说什么好。下班后她跟同事商量说发邮件行不行，一位同事说："你发邮件道歉就你两人知道，但是你可是在全办公室人面前让主管难堪的，你不当着全办公室的面道歉，我觉得你难过这一关。"田欢一想觉得非常

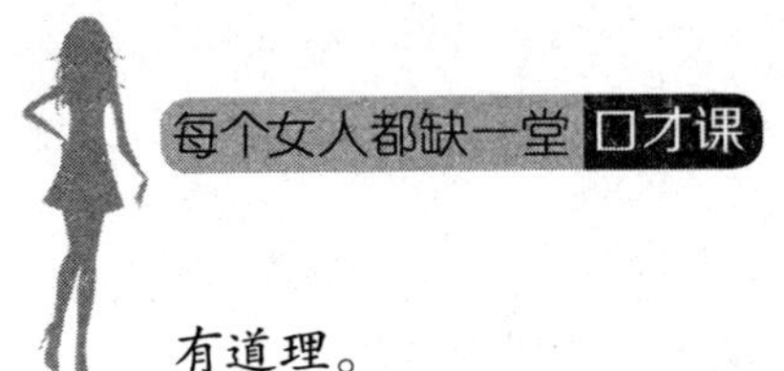

有道理。

第二天，她特意买了一盒小点心，主管路过办公室时，就连忙说："主管，这个给你做早餐。"主管说："我吃过了，谢谢！"田欢说："昨天的事对不起，我那样误会你，都不知道该怎么道歉，你就接受我的歉意吧。"说着双手把点心举到主管面前，主管发现大家都看着他们，面无表情地接过了那盒点心。后来，主管对田欢说："这件事就过去了，你也不用放在心上了。"经过这件事，田欢的性格有所收敛，工作更加努力，与主管相处得也很好。

"在哪丢的面子，就得在哪捡回来"，田欢当初在大家面前让主管丢了面儿，就应该在大家面前道歉，这样既帮主管挽回了面子，也让主管接受了田欢的歉意。假如田欢选择用电子邮件的方式道歉，收到的效果肯定不如现在这么好。因为换位思考一下，有人让你在全公司人面前丢了脸，你会轻易接受他私下里的道歉吗？

此外，在你真正意识到自己的错误时再去道歉。如果你道歉的目的只是平息对方的怒火，或者只是一种权宜之计，那么这种道歉对缓和双方的紧张关系没有多大帮助。即使你说出"对不起"，对方也会觉得你没有任何诚意。当道歉带有一种敷衍性而不是由衷地承认自己的错误时，最好不要道歉。事情发生后，切切实实地找到自己的错误，并能真心诚意地说出对不起，这时去道歉才是最合适的。

另外，除了道歉的时机要对，还要把握好道歉的语气和声调，即使是错了，也不至于低声下气、苦苦哀求，但是也不能趾高气扬，好像自己没有任何错误。智慧的女人，道歉要做到不卑不亢：我错了，但是我敢于承认，我希望挽回你这个朋友。这是一种最好的态度，也展现了女性独特的魅力。

女人做错事，不懂得道歉，或者不知道道歉的最佳时机，可能就会因之失去一些东西，并且给人留下不好的印象。对于女人来说，敢于承认错误、敢于道歉还是不够的，还要学会掌握道歉的时机。在最佳道歉时机道歉，不仅体现了自己的诚意，也会更容易得到对方的谅解，尽释前嫌，和好如初。

观察你的听众是谁，再选择合适的说话方式

有一个成语叫“对牛弹琴”，它讽刺的就是“说话做事不看对象”。琴弹得再好，对牛也没有任何意义。说话也一样，会察言观色，必定要会看人说话。不看人而说没有任何作用，有时还会招来不必要的麻烦，甚至是杀身之祸。中国古人对这一点有深刻的理解，他们在说话的时候都非常注意分清对象，恰如其分，有礼有节。

女人，在说话的时候一定要注意观察你的听众是谁，这一点很重要。

优秀服务员李淑贞在接待客人的时候，就很会看对象说话。

如果进店的是知识分子，李淑贞会说：“同志，您要用餐的话，请

这边坐。您要不要来一个拌鸡丝或溜里脊，清淡利口，您看怎么样？”

如果进店的是个工人，李淑贞则会说：“师傅，您看您是想吃过油肉还是汆丸子？”

对于乡下来的老大娘，李淑贞欢迎的时候会这样说：“大娘，您进城里来啦，趁身子骨还硬朗，没事就经常来转转，改善改善生活吧，您看您想尝点啥？”

对知识分子，用语文雅、委婉；对工人同志，用语直接、爽快；对乡下老大娘，用语则通俗、朴实。这就恰到好处地适应了不同对象的不同爱好和文化修养。

说话不考虑对象，等于射击不瞄准。那么，怎样才能恰到好处地掌握因人而异的说话技巧呢？

首先，应该先了解对方的一些经历、生活状况和思维方式，也要特别了解他的生活愿望、生活观点。

其次，必须注意对方的心境特征。如果在交谈当中，不顾对方的心理变化，而一味地将想法统统搬出来，那么，你是得不到对方的认同的。一厢情愿的谈话往往会让对方厌恶。

再次，在语言交流中讲究讳饰，必须考虑到对方的反应。如生活中对跛脚老人，应说“您老腿脚不利索”；对耳聋的人，应说“耳背”；对妇女怀孕说“有喜”。即“矮子面前莫说矮”，应做到“哪壶不开就别提哪壶”。其他如，长途汽车将车停在路边，让旅客如厕以“让各位方便一下”来避讳。在社交场合用这些讳饰式的委婉语，不至于大煞风景。

最后，掌握因人而异的说话技巧，很重要的一点就是，根据不同的人用不同的措辞，这也是语言的技巧问题。也就是说，如果对任何意中人都用同样的措辞、同样的口气说话，人家岂不会认为你这个人有毛病？比如你在使用过于客套的话时，对方会说“竟然提到那样的事，这还算是朋友吗”或“千万别说那种见外的话，我们交往了多年，应该说是好朋友了”。这就是你的措辞不当造成的。

要想成为一个受人欢迎的表达者，除了要注意说话的对象外，还要格外关注说话的场合。不同的场合，说话的内容和方式也是不同的。

任何语言都要依托于整体语言的大环境，在面对面的交流中，人们不仅应注意语言本身传递出来的内容，还要注意与具体的场景相结合。

比如“现在都十点了”这句话，如果是妈妈对躺在床上的孩子说的，要表达的就是“都这么晚了，你怎么还不起床”；而如果是站在电影院门前的女孩对男孩说的，意思应该是“你来迟了，电影早就已经开演了”。

所以，说话一定要看清场合，理解在不同场合中话语不同的含义。

会说话的女人之所以受人欢迎，是因为她能够根据不同的情况、不同的地点，变换自己说话的方式和语气。

人，总是在一定时间、一定地点、一定条件下生活的，在不同的场合，面对着不同的人、不同的事，从不同的目的出发，就应该说不同的话、用不同的方式说话，这样才能收到理想的言谈效果。

谈话给人面子，让听者如沐春风

在生活中，我们经常听到这样的言论——“这是看你的面子”“她说话一点也不给别人留面子”……“面子”问题是说话中的大问题。有的女人说话尖酸刻薄，不给人留情面，几乎没人敢与她争论，她还会洋洋得意，觉得自己胜人一筹，时间久了，就慢慢失去了好人缘。说话不给人面子，以打击别人为乐，这是女人的大忌。

人都是有自尊的，换句话说都是讲究面子的。聪明的女人从不轻易在公开场合说一句批评别人的话，不管什么情况都要给足别人面子。有句话说“投我以木瓜，报之以琼瑶”，你给了别人面子，别人也会给足你面子，这样的女人在公共场合必定受人欢迎，做事自然顺风顺水，这都是会说话的结果。

其实说话给人面子不难做到，只要在说话时考虑到场合和地位，以尊重别人为出发点，话语柔和，照顾别人感受，不仅展现了女性特有的魅力，也让听者如沐春风。

在工作中，要充分照顾上司、下属和客户的面子。在公司，千万不要咄咄逼人，炫耀自己的口才。不管是和上司还是和下属，在工作上都是合作的关系。上司职位高，绝对不允许你在公共场合危害他的尊严，否则即使当时不发作，也难免日后刁难你。对于下属，也要做个温和体谅的好领导，学会不说偏激的话，不多说批评的话，不抓住小错误紧紧不放。对待客户，如果不想失去一笔生意，最好说话客气点儿，本来都是没有什么私交的人，谁愿意跟不给自己面子的人合作呢？

女人大多十分感性，有时说话难免会带有感情色彩。但是，在职场，最好不要过多地表现出自己的喜恶。职场险恶，随意表达自己的喜恶，不顾及别人的感受，逞一时之快，伤及他人面子，不小心就会得罪人。有时只是一句话，可能会害你失去升迁的机会，失去合作伙伴的信任，甚至丢掉自己的工作。

在生活中，说话也要给自己的家人和朋友留足面子。有的女人觉得自己的家人朋友都是很亲近的人，说话就不太注意了，想起什么就说什么。不管是多亲近的人，都希望得到你的尊重和爱护，不愿意被你伤及面子。假如你口无遮拦，在公共场合伤及他们，会让他们渐渐远离你。

比如说，男人向来都是视面子如生命，即使在家里毫无怨言地听妻子的话，一旦站在外人面前，也都要充当男子汉。妻子如果不了解男人的这种心理，不自觉地就把只有两个人在场时的威风也拿到大庭广众中来，以显示自己对丈夫的管束权威，自以为得意，往往给婚姻埋下隐患。女人总是喜欢丈夫对自己唯命是从，认为那是他爱自己的证明，但是聪明的女人明白，男人怕是因为爱，所以女人更要懂得在他的朋友面前表扬他、尊重他，给他十足的面子。这样的女人不仅能赢得男人的宠爱，也能营造和谐的夫妻关系。

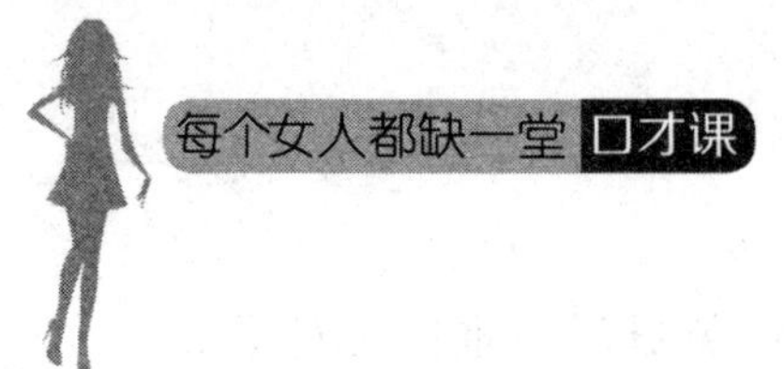

田畅和张力这对小两口是“孔雀女”和“凤凰男”的组合，田畅是大家公认的美女，有学历，长相好，家庭条件也很优越。而张力出身农村，靠自己的能力考上大学，当上了公务员。田畅和张力刚结婚时，很多人都羡慕张力，张力也对田畅百依百顺，力争让田畅成为“世界上最幸福的女人”。结婚三年，田畅几乎没有做过家务活，张力的工资全部都上交给田畅。时间久了，田畅变得越来越骄横，养成了支使丈夫的习惯，越是有人在场她就越要展示自己的威风。

有一天，田畅的好姐妹来家里做客，张力忙着洗水果、倒水、做饭，姐妹们一边赞叹田畅有福气，一边问她有什么秘诀，能让丈夫这般体贴顾家。田畅得意地说：“想当初，在我那么多追求者中，他既算不上有钱的，也算不上长得帅的，但我最后却选择了他，他能不对我好吗？”张力在旁边打哈哈说：“是呀，是呀。”田畅瞟了张力一眼，斥责道：“你看你，一点眼色也没有，我们在说话，你插什么嘴，赶紧去厨房做饭！”张力默默地走开了。在客厅里，田畅继续说：“平时他都给我洗内衣内裤……”朋友们听了都哈哈大笑。后来，在一次同学聚会时，一个男同学问他：“听说你给你老婆洗内衣内裤？”张力满脸通红，当晚喝了很多酒，田畅打了好多次电话也没接。渐渐地张力不愿意再回家，下班后找各种理由与同事吃饭、唱歌，有时还夜不归宿，后来提出和田畅离婚。田畅慌了，找了好多人说和，张力说：“我也是个男人，她从来不给我半点儿面子。在她面前，我毫无尊严，这种日子我不想再继续下去了。”

田畅滥用丈夫对自己的爱，不顾场合支使丈夫，说话也不给丈夫面子，丈夫虽然爱她，但也不是没有尊严，不能忍受时就提出离婚了。其实，假如她自觉做出平等相处、互敬互爱的样子，哪怕是为了给人看也是有益的，丈夫会因为你给他留了面子，而更加爱你。把丈夫搞得这么狼狈，最终为自己的婚姻埋下隐患。

聪明的女人要想做成事，就一定要学会照顾别人的面子。谦虚待人，处处照顾别人面子的女人，往往做事更加顺利，成功也来得更容易；那些趾高气扬，不把别人的面子放在心上的女人，做事阻碍重重，很难获得成功。世界上很多事的千差万别，并不是有的人幸运，有的人运气不好，而是幸运的人善于说话做事，赢得尊重和信任，最后成就自己的事业。

聪明的女人懂得在什么场合、在什么时候说什么话，懂得给不同的人留足面子。而那些自以为有见解，经常大发宏论的女人，往往会得罪潜在的朋友和贵人，总有一天会吃到苦头。给人面子是一种互助，对彼此都有好处，很多时候只不过是一句话的事，就能让你赢得朋友。

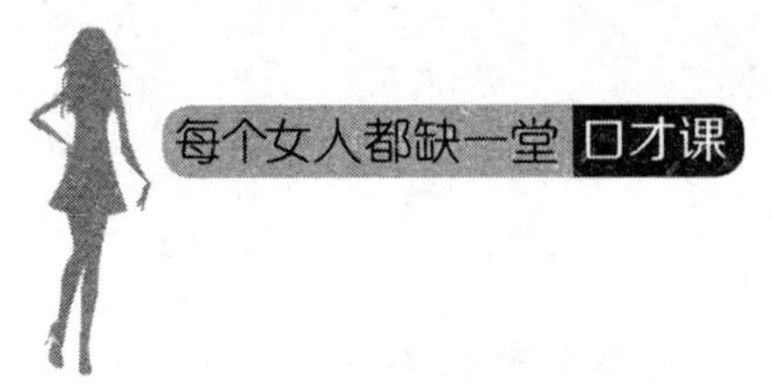

听出对方的弦外之音

善于察言观色的人，除了会听别人讲话的内容之外，还会分析对方的心理与说这些话的动机，如此一来处理事情才能得心应手。

有这样一则寓言：一把坚实的大锁挂在大门上，一根铁棍费了九牛二虎之力，依然无法打开这把锁。钥匙来了，他瘦小的身子钻进锁孔中，只轻轻转了一下，大锁就打开了。铁棒十分好奇，询问说："为什么我费了那么大力都打不开，你却能毫不费力地打开呢？"钥匙笑着回答说："因为我最懂它的心啊。"

在与人交谈的时候，也要做到这一点。有时候，对方的话总是让人丈二和尚摸不着头脑，明明觉得听懂了他的话，对方却并不认同。这是因为话里往往包含着多重意思，我们可能只听明白最表面的一层，却没有听懂弦外之音。有时候，就算对方不说话，你也能从对方的眼神、动作中察觉到很多信息，当然这需要彼此的默契。而如果没有这种默契，要搞清楚对方要说些什么，那就需要更加耐心才行。

被贬黄州之后，苏东坡约好友佛印和尚泛舟长江。忽然苏东坡用手往岸上一指，笑而不语。佛印顺势望去，只见岸边上有一只黄狗正在啃骨头，顿有所悟，随即将自己手中的那把题有苏东坡诗句的蒲扇丢入水中。两人心有神会，不禁大笑起来。

原来，两个人在作一副哑联。苏东坡的上联是“狗啃河上（和尚）骨”；而佛印给出的下联是“水流东坡尸（诗）”，可谓是默契十足。

当然，要达到苏东坡与佛印和尚这样的默契程度，除了要了解彼此之外，还要有较高的智商才行。

我们都听过指鹿为马的故事。其实当初赵高是真的不认识鹿还是马吗？当然不是，他当时不过是想借此来试探一下自己在朝中的势力如何。他话中的真实意思是：“你们是服从秦二世还是要服从我？”而那些听出弦外之音的大臣们，自然明白了赵高的意思。为了保命，也都跟着指鹿为马，表明自己的效忠之心。

中国人很少会说：“听他说什么”而是：“看他怎么说。”也就是说，如果只靠耳朵去听，很多东西都是理解不了的。有人说话模棱两可，听起来不好捉摸，但是如果用心去听，就能明白其中的含义。当你能够听明白对方的弦外之音的时候，才能避免一些可能因为鲁莽开口而犯下的错，并能因此而得到别人的赞赏。

南朝时候，齐高帝曾经与当时著名的书法家王僧虔一起研习书法。有一次，高帝向王僧虔询问说：“你和我的字，谁写得更好？”其实这个问题是很难回答的，如果说高帝的字比自己的好，难免会让人觉得虚伪，有阿谀奉承之嫌；如果说高帝的字不如自己，那么又相当于打了高帝的脸，可能不利于君臣之间的关系。

王僧虔于是回答说：“我的字臣中最好，您的字君中最好。”

皇帝就那么几个，而臣子却不计其数，王僧虔的言外之意表达的很清楚。高帝也明白了他的弦外之音，于是大笑几声不再深究，之后也不再提及此事了。

在很多场合，人们有些话不好直说，于是只好旁敲侧击。这些话语有的一语双关，有的婉语暗示，有的曲解影射，有的巧借故事来寄托教育之意，还有的活用词义，恰当引申。在日常交际中，我们要善于倾听对方的弦外之音，悟出言外之意。凡是耳朵听不懂的，要学会用眼睛看，要动脑筋，用心思索。如此才能敏锐地捕捉到弦外之意，并作出恰当处理。

说话要给人台阶

有这样一个故事：

一位禅师晚饭后到院子里散步，发现墙角平整的地面上多了一块石头。他立刻明白是自己的徒弟违反寺规爬到外面玩乐去了。这种情况要是被发现，要么禁闭一年，要么杖责一百，要么勒令出寺。禅师沉思片刻，就坐在那块石头上等徒弟归来。半夜时分，徒弟摸黑从墙外翻进来，双脚正好踩在禅师的肩膀上。禅师把徒弟轻轻放下，对他说："天这么晚了，快回去睡觉吧。"第二天徒弟见到禅师满脸羞愧，但是禅师的脸上却一如平常，就像什么事情也没有发生。后来，这个一度不潜心修炼的徒弟，成了寺院最刻苦用功的徒弟，最后还做了寺院的住持。

禅师给了徒弟一个台阶，徒弟才有了一番成就。你是否从中体会到了什么？说话给人台阶或者顺台阶而下，是女人不得不学的说话技巧。

我们身边不乏说话刻薄的女人，不给任何人台阶。当发现上司的错误导致计划的失败，当面即指出老板的错，让老板没法下台；邻居孩子考了一所三流大学，直接就说："那种大学没出路。"朋友说了一个善意的谎言，就直接戳穿："你太虚伪了……"生活中这样的例子很多，这样的女人也让我们很无语。给别人一个台阶，也给自己一个机会，有什么不好呢？

你也许觉得："我为什么要给人台阶下？"那么就想一想自己，当你自己在一个事情上没有处理好，你是不是希望别人不会抓着你的错误不放，希望别人说这种错误谁都可能犯，希望你有一个这样的台阶下。道理很简单，你宽容待人，给人台阶下，你自己走得也会更轻松，假如有一天你遭遇了失败、犯了错，别人也会宽容地对待你，给你一个轻松的台阶。

怎样在说话中给人台阶、顺台阶而下呢？

对别人的错误轻描淡写，不要抓住不放。假如无意中发现别人的错误，在人前人后最好淡化错误，给对方面子，得理不饶人的女人很多，我们不要做其中的一个。得饶人处且饶人，对待别人的错误宽容一些，一句话带过对方的过错，避免得罪人，给人一个台阶，也展现了一个女人宽容、善良的情怀。

假装糊涂，说话顺台阶而下。郑板桥有一句名言"难得糊涂"，糊涂是一种巧妙的处世哲学，女人有的时候也要假装糊涂。水至清则无鱼，太过于精明并把精明外露的女人，人缘一定不会很好。在与人交往的过程中，要学会运用巧妙的言语，甚至是很糊涂的言语，顺台阶而下。当别人发现我们的错误并给我们台阶的时候，我们也要顺台阶而下，不辜负别人的好意，并感谢他们给自己留足了面子。

丽红的父亲为她投资创办了一家小型广告公司。丽红原来做广告设计，但是对公司的管理却是外行，她经常随心所欲，不断地制订新计划，又把原来的计划推翻，三天两头换来换去，员工都被她搞得疲惫不堪，几个单子也因为计划不合理被别的公司抢走了。丽红原来的同事晓雯也加入了她的公司，晓雯看到公司状况，十分担忧，就决心找丽红谈谈。虽然原来两人无话不谈，但是现在丽红毕竟是老板，晓雯就想不能像原来那样直来直去了。

一天，晓雯对丽红说："你做了老板后我才发现你这么有才华，真让我刮目相看，你制订的计划涉及方方面面，一定费了很多心思吧？"丽红听晓雯这么说当然很高兴了，晓雯接着说："但是我发现咱们公司这段时间业务很不好，我考虑是因为员工不严格执行计划的结果。"丽红也在考虑这件事，就认真地听晓雯说。晓雯前面已经给了丽红台阶下，就补充道："也许计划太多，在具体执行上有一些难度，员工们不太习惯——你也不要对他们要求太高了，不然就先执行目前一个计划，让他们适应一段时间。"丽红这时才意识到自己在管理上不够成熟，她知道晓雯一片好心，而且给足了自己台阶，就顺着台阶而下："你说得很有道理，具体你去实施吧。"晓雯在不伤及丽红面子的基础上提醒她的过失，成功说服丽红，对公司的长远发展大有好处。

晓雯在进言时考虑到丽红的身份，给了丽红台阶下，又达到了自己的目的，而丽红也能充分了解晓雯的苦心，顺台阶而下，两个人都是聪明的女人。

有的女人人缘很差，没有朋友，不知道原因在哪里。其实仔细观察，就会发现她们说话不给别人面子，常常让别人下不了台。答

案就在这里，不给别人面子，别人怎么会给你面子？宽容善良的女人，说话给对方一个台阶下，保全对方的面子，使对方产生愧疚感，自动改正错误。这样的女人，不仅朋友很多，在她犯错的时候，也能得到大家的宽容和谅解。

人们都有做错事、说错话、得罪人的时候，如果你以牙还牙、得理不饶人，只会使事态变得更严重。善于交际的女人，说话给人台阶，让对方保全面子；自己遭遇尴尬时，有人为自己解围，也要顺台阶而下。

第八章

女人不会说“不”，永远难成高手

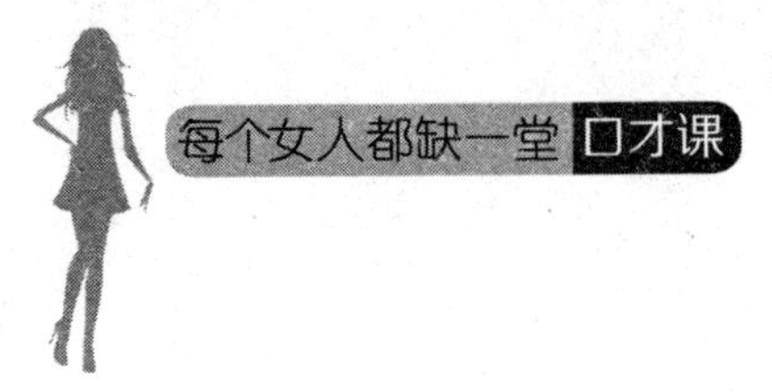

不会拒绝的女人，容易被烦恼找上门

睿智的女人，是一幅令人赏心悦目的画，是一部读不尽的书。她们拥有一双灵秀的眸子去看世界，分辨世间的风风雨雨。无论是豆蔻青葱的岁月，还是花样的年华，她们都能够坚持活出自我，懂得珍惜，也知道如何拒绝。

但是，大部分女人都深陷于不好意思拒绝的苦恼之中。

身为女人，一般而言，大都感性高于理性，想事情、做决定的时候，感情的成分往往会超过理性思维。因此，当有人请求、要求或命令她们做一些不想做或不能做的事情的时候，女人经常会受感情牵绊而不好意思拒绝。

有些女人不好意思拒绝，仅仅是因为提要求的一方地位或权力高于自己，或者是因为性格比较内向、容易害羞、自卑……

还有些女人没有把“敢于拒绝”放在心上，吃了点小亏就只会自我安慰，告诉自己，就当是花钱买教训，以后不再犯类似的错误就行了。可是，有了第一次，接下来还会有第二次、第三次，让你“不好意思拒绝”的事情会不停地在你身边出现，而你也会因为“不好意思”一次又一次接受，时间一长，“不好意思拒绝”就成为了你的习惯。

生活中，不知多少女性因为不好意思拒绝，买了不称心的衣服、嫁给了不喜欢的男人、耽误了本不应该耽误的约会。

女人，别让不好意思拒绝害了你！学着做一个聪慧、睿智的女人，懂得自己拥有拒绝的权利，运用自己的智慧和品格，让拒绝别人成为一种艺术。

小敏大学毕业后，在一家公司做人力资源工作。因为是新人，小敏工作认真负责，非常卖力，大家都对她赞赏有加。但是最近，小敏常常感觉到劳累。按理说她的本职工作并不是特别累，问题到底出在哪儿了呢？思来想去，她发现自己陷入了一个怪圈中。

小敏的主管有一个上初中的儿子，学习成绩不是太好。主管知道小敏刚大学毕业，学习成绩又好，就想让小敏给儿子补习功课，小敏答应了。经过一段时间的补习，主管的儿子有了很大的进步。这下子，公司里有孩子的同事都来找她补习功课，她几乎可以开一个补习班了。小敏非常苦恼，接受吧，工作怎么办呢？拒绝吧，又担心大家说她巴结领导，看不起普通老百姓。

一天，小敏把自己的苦恼告诉闺蜜。谁知，闺蜜不但不安慰她，反倒没好气地说：“谁让你逞强，答应这么多工作之外的要求？”小敏委屈地说道：“没办法呀，既然别人开了口，我怎么好意思拒绝呢？”

现实生活中，像小敏这样的女孩有很多。当别人请求帮忙的时候，她们会害怕失去朋友、得罪上司、冷落邻居，总是不由自主地答应下来。

其实，不好意思拒绝别人，往往是因为自信不足。她们对自己的价值存在怀疑，所以不惜牺牲时间和精力，努力去证明给别人看，如果得不到别人的认同和赞赏，会感到自卑。一旦接受，对方的要求就会接踵而来，慢慢地就更不好意思拒绝别人了。最后，辛苦做着自己不愿意做的事情，承担着自己能力范围之外的种种义务，透支着自己的精力和体力，可能换来的是别人“挑三拣四”的不满和指责。因为无法勇敢地说出“不”，最终只能掉入苦恼的陷阱，无法脱身。

如果你也是一个常常会不好意思开口说“不”的人，你就应该知道其中的危害。

生活在这个世界上，我们几乎每时每刻都要面临各种各样的请求、要求和命令，对于不少人来说，接受要远比拒绝更为容易。但是，谁都无法做到有求必应。要知道，我们活着不是为了唯唯诺诺、低声下气、不好意思和取悦别人，而是用我们自己的方式来取悦自己。你不觉得吗？人生其实就是一场自己不能妥协，还要尽量让别人接受你的博弈之战。

当一个女人能够克服“不好意思拒绝”的心理，并具备“拒绝他人”的技巧，由此而带来的好结果和好心情，是非同小可的。如果你想成功，想拥有好人缘，想远离更多麻烦，想活得更轻松快乐，一定要学会说 No！

拒绝不生硬，让对方更易接受

一个人在拒绝他人时，如果以直接的口吻去说，对方肯定会觉得面子上受到伤害。因此，就需要拒绝者在拒绝时顾及对方的面子，以委婉的方式和话语来表达拒绝的意思。只有这样他人才会乐意接受，从而达到理想的拒绝效果，而这也恰恰体现了你的说话技巧与水平。

聪明的女人绝不轻率，都会选择比较缓和的拒绝方式，因为她们懂得说话的艺术魅力所在，知道什么时候该用什么样的语气和语言。所以，每个女人在面临自己不喜欢的事情时，不仅要有拒绝的勇气，还要懂得拒绝的方法，使被拒绝的人“乘兴而来，满意而归”。

一位老客户给市场部的经理吴女士打电话，希望吴女士能把自己的进货价格再降低几个百分点。这让吴女士感到非常为难，因为给这位客户的进价已经非常低了，再降的话公司老板或许不会同意。但是，这位老客户不仅跟公司合作时间最长，而且也能为公司带来很大的利益，如果直接拒绝，说不定会让客户不高兴。

于是，吴女士马上跟公司上层进行沟通，最后公司给出的答案是：不能再降价，但是可以给予其他方面的福利和优惠，总之一定要把这位客户留住。吴女士收到指示后，邀请这位客户面谈。

吴女士见到这位客户后，并没有直接商谈货品的进价，而是先询问了对方公司的发展情况和市场前景，然后由其他公司的价格转到自己公司上来，再非常诚恳地说："张先生，说实话，我们给您的价格可以说是这个行业里的最低价，我相信您也有所了解。我们是合作多年的老朋友了，按理说您提出的要求我们都会尽量满足的，但是这个价格实在是太低了，请恕我们难以答应您的要求。不过，为了大家的发展，我们公司决定在配货时给予您公司一个季度的免费配送，您看怎么样？"

这样委婉、诚恳的说辞不仅没有让张先生感到不满，反而让彼此之间的联系更加紧密了。

可见，当我们必须拒绝对方时，一定要采取比较委婉的方式，拒绝的理由一定要充足。首先表明自己对这项要求很重视，自己也希望能接受；然后表明自己的遗憾，具体说明自己为什么不能接受。充足的理由，诚恳的态度，一定能够取得对方的理解，最终赢得别人的理解和体谅。

工作中，当上司交代的任务是自己无法完成的，此时，也不能直接拒绝，否则会让上司感到不快。这个时候，聪明的女人会委婉地表达自己的想法，让上司了解自己的苦衷。

身边总会有一些朋友比较爱面子，当他们向自己提出要求的时候，聪明的女人从不直接拒绝，因为这样做很可能会对其造成伤害，让其觉得你不够意思。这个时候，聪明的女人会选择拐弯抹角地拒绝，让对方了解到你不是不想帮忙，而是爱莫能助；即使不能够提供帮助，也要让朋友在面子上得到满足。

当熟人向自己提出要求，假如此时有第三方在场，聪明的女人也不会直接拒绝。因为有第三方在场的情况下，不论是谁，哪怕是平常比较大度的人，如果直接遭到拒绝也会觉得下不来台。这时，聪明的女人一定更加注意说话的方式，她们会“有面子”地拒绝对方，确保拒绝的同时不伤害别人，给别人留下较好的印象。

但是，有一点需要注意，委婉不等于谄媚。一些女人在拒绝对方之后，觉得伤害了对方，就会不自觉地照顾对方的感受，甚至不惜放低自己的身价，低三下四地去迎合对方。原本拒绝别人是为了让自己轻松，结果这样做反而加重了自己的负担，这样的拒绝就失去了意义。

总而言之，当你拒绝别人时，要用委婉、温和的方式表达你的不同意见，必要时也可向对方详细解释不能答应其要求的理由，而不是生硬冷淡地拒绝，因为那样只能伤害并有可能失去朋友，但是也不可以失去原则，变得低三下四。

“不”守原则，方能得人心

拒绝是人生当中的一种艺术，当别人对你有所求而你办不到的时候，你就不得不拒绝他。不善于拒绝别人的人是一个没有原则的人，但是拒绝毕竟是一种否定的回应，盲目的拒绝很有可能会伤害别人的感情。因此，要想成为一个会拒绝的女人，就一定要知道拒绝时应遵守的几个原则。

1. 拒绝要遵守“六不要”原则

（1）不要立刻就拒绝：立刻拒绝，会让人觉得你是一个冷漠无情的人，甚至觉得你对他有成见。

（2）不要轻易地拒绝：有时候轻易地拒绝别人，会失去许多帮助别人，获得友谊的机会。

（3）不要盛怒下拒绝：盛怒之下拒绝别人，容易在语言上伤害别人，让人觉得你一点儿同情心都没有。

（4）不要随便地拒绝：太随便地拒绝，别人会觉得你并不重视他，容易造成反感。

（5）不要无情地拒绝：无情地拒绝就是表情冷漠、语气严峻、毫无通融的余地，会令人很难堪，甚至反目成仇。

（6）不要傲慢地拒绝：一个盛气凌人、态度傲慢不恭的人，任谁也不会喜欢亲近他。何况当他有求于你，而你以傲慢的态度拒绝，别人更是不能接受。

2. 拒绝还要遵守“六要”原则

（1）要较婉转地拒绝：真正有不得已的苦衷时，如能委婉地说明，以婉转的态度拒绝，别人还是会感动于你的诚恳。

（2）要有笑容地拒绝：拒绝的时候，要面带微笑，态度要庄重，让别人感受到你对他的尊重、礼貌，就算被你拒绝了，也能欣然接受。

（3）要有代替地拒绝：你跟我要求的这一点我帮不上忙，我用另外一个方法来帮助你，这样一来，他还是会很感谢你的。

（4）要有出路地拒绝：在拒绝的时候，如果能提供一些其他的方法，帮他人想出一些更好的出路，实际上还是帮了他的忙。

（5）要有帮助地拒绝：也就是说你虽然拒绝了，但却在其他方面给他一些帮助，这是一种慈悲而有智慧的拒绝。

（6）要留退路地拒绝：不要把话说死、把路堵绝。比如，你可以说：“这事难度太大，办成的可能性极小，但是为了朋友的感情，我愿意尽最大努力。”这样即使事情办不成，朋友也会领你的情。

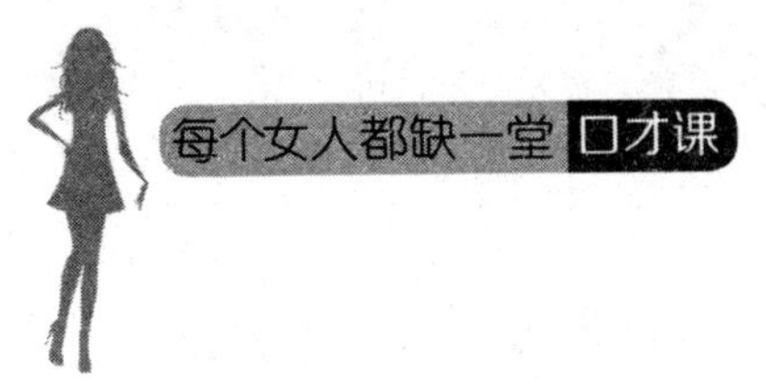

果断，是拒绝的最佳队友

在生活中，处处需要说“不”。双休日你正在家休息，推销员不期而至，软磨硬缠推不出门；你本来经济就有点紧张，却有朋友打电话向你借钱；刚下班，很想洗个澡就睡觉，没想到老同学打来电话说要聚一聚；正忙着工作，一位同事来找你闲聊天……一些外界因素干扰了你的正常生活和计划。

也许你拒绝了，但是拒绝得不够果断，或者拒绝后心生歉疚，随口说一句“其实我也可以”最后还是给了对方机会。结果不过是用自己珍贵的时间做了一些自己不喜欢的事情，所以说，女人应学会拒绝，更要学会果断地拒绝。

很多人建议女人拒绝时要面带微笑，要表示歉意，要讲究方式方法……但是这些不是建议你优柔寡断，给人可乘之机。怎样才能做到果断地拒绝呢？

首先建立这样一种认识——拒绝是我的权利。拒绝是你的权利，所以在拒绝时，你的心情坦然、举止大方、态度明朗。这时就向对方表明你是真的做不到，而不是推脱，这样容易弱化对方心中的不快。当女人把握不好拒绝的尺度时，心里发虚，表情迟疑不决，对方也会觉得你拒绝的理由是不可信的，可能还会继续向你请求。

果断开口拒绝时，不要吞吞吐吐。女人通常会有一种“不好意思”的心理，这种心理阻碍了你把拒绝的话说出口。这时，你不能果断开口，说话吞吞吐吐，最终可能招架不住对方的请求，稀里糊涂答应了对方。因此，女人要想避免惹出许多麻烦，要克服这种“不好意思”的心理障碍，果断说“不”。

许筝在服装店挑选一件衬衣，样式和做工都令人满意，但是许筝觉得价钱太高，无心购买。这时售货员走过来，十分热情地介绍：“这是刚上的新款，款式和做工都是最棒的，你穿上效果一定很好。”许筝本来想说“不用了”，但是话到嘴边却变成了“好吧”。售货员殷勤地帮她找号码，让她试穿，穿上以后又一直赞美许筝身材好，弄得许筝很不好意思。后来许筝换下衣服，说：“我再逛逛看吧。”售货员赶紧说：“小姐，您穿着真的是太合适了，您觉得颜色不合适，我可以再给你找一件其他颜色的试试。”许筝赶紧说：“颜色挺好。”售货员说：“那我给您开票吧。”许筝吞吞吐吐地说：“先不要了——”售货员好像没有听到，继续开票，然后包装。许筝最后骑虎难下，更不好意思拒绝了，只好去收款台付了款，买了一件完全在自己经济承受能力之外的商品。

许筝无心购买这件衬衣，但是拒绝时不够果断，说话吞吞吐吐，让售货员觉得有可乘之机，利用她不忍拒绝的心理，把这件衬衣硬塞给她。假如许筝在拒绝时果断一点儿，就不会有这样的结果了。

阐述自己不能做到的理由。详细陈述自己不能“帮忙”的各种理由很重要，充分的理由就表明了你拒绝的决心。这样，朋友在感情上就能接受，也会打消继续请求的念头，从而避免一些负面影响。职场女性面对同事的请求，更有必要阐明理由，以便维持良好的合作关系。

小思和陈静是同事，因为年龄相当，脾气性格都比较投缘，关系非常好。小思脾气很好，陈静有什么事总是拜托小思帮忙，“小思，你帮我把这个文稿校对一遍吧，我实在忙不过来了。”“小思，我家狗狗能不能寄养在你那里一段时间？”只要小思能做到的，都尽量答应，时间久了，陈静提的请求越来越多。这天下班的时候，陈静来找小思，说：“小思，我本来打算加班完成这个方案的，但是男朋友在楼下等我，你能不能帮我完成？”这就意味着小思要替陈静加班，小思这几天身体不舒服，实在不愿意加班，只好说：“我今天很累了，加上身体不舒服，没办法替你加班了，你想办法完成吧。”陈静以为小思推脱，就撒娇说：“好姐姐，你就帮我一下吧！”小思说：“我身体真的很不舒服，今天加班，明天估计连班都上不了了。”说完收拾东西离开了。陈静本来心里不情愿，但是听出小思确实不舒服，只好作罢，自己加班完成这份工作。

同事需要相互帮助的时候很多，在力所能及的情况下，帮助同事是非常必要的。小思对陈静帮助很多，但是当她确实帮不了的时候，也没有办法了。小思亮出自己的理由，表示没有余地，作为同事的陈静自然就明白了。

当然，拒绝的态度要果断，但是拒绝的理由要委婉。拒绝的时候，说“不”的态度必须温和而坚定。即使是炮弹，也应当裹上糖衣，让对方不会感到尴尬或者难堪。

女人总是心软的，面对请求几乎是照单全收，害怕拒绝会给彼此的关系带来不利影响，即使实在做不到了也不能果断表态，这对人对己都是十分有害的。聪明出色的女人明白，拒绝是一门艺术，要把果断当成拒绝的最佳助手，避免耽误时间或者制造麻烦。

爱面子的女人往往不好意思拒绝某些人、某些事，即使拒绝也不够果断。假如我们担心被人埋怨不近人情，怕伤害别人的自尊心，不忍心拒绝或者拒绝得不够果断，结果反而使自己陷于无穷的烦恼和纠缠中不能自拔。女人不想浪费自己的时间和精力，就要用好果断拒绝这个武器。

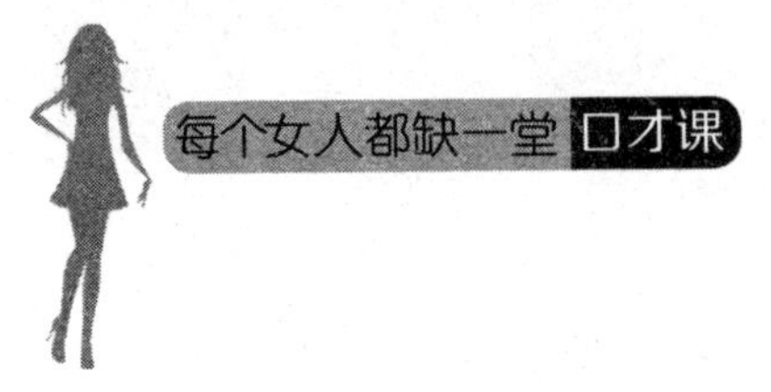

用暗示让对方心知肚明

有些人，在请求别人的时候，由于各种原因，不好直接开口，于是喜欢用暗示，显得醉翁之意不在酒。举例来说，某个朋友希望你周末出去陪他，而你则另有安排，不如就说："上星期，某某一连两天都把我约出去，弄得我周一上班一点儿精神都没有。"这样说，你就等于给对方一个暗示，你并不打算在周末的时候和他一起出去，对方就明白你的拒绝了。

暗示，是人与人之间相互影响的一种特殊方式。暗示者出于自己的目的，采用隐晦、含蓄的语言，巧妙地向对方发出某种信息，并以此来影响对方的心理，使其不自觉地接受一定的意见、信息或改变自己的行为，是一种不伤害对方面子的拒绝或者建议的方式。

王娟是北漂一族，大学毕业之后就在北京扎下了根。有一天，她的两个初中同学突然联系上她，说要一起聚聚。在谈话期间，同学一再诉说旅游的艰辛，说旅社的住宿费太高住不起，但是又租不到合适的房子。言下之意是要借宿。王娟听后马上暗示说："是啊，北京可不比咱们那边，住房可紧张了，就拿我来说吧！租了一个十几平米的单间，一个月就要两千块钱，为了省钱不得不跟我大学同学合租，一进屋连个落脚的地儿都没有。你们大老远地来看我，本应好好地招待你们，留你们在家里住几天的，可是你们看……”两位初中同学听后，就非常知趣地不再谈及这个话题。

事实上，用暗示的方法拒绝别人，并不仅仅局限在语言上。很多时候，我们的一个细小动作，同样能够起到暗示别人的作用。比如，当面带笑容谈话时，笑容突然中断便暗示着无法认同和拒绝。类似的肢体语言包括：采取身体倾斜的姿势、目光游移不定、频频看表……但切忌伤了对方的自尊心。

暗示常用语有：

（1）我愿意帮助你解决问题，不过这件事很棘手，所以实在不知道成功率怎样。

（2）你不觉得……（在自己的意见上加上这个“开头”，会让对方更容易进入你的暗示）

（3）我认为这件事情可能换个想法会更好些……

我们在拒绝别人，或者要求对方改正自己的错误时，如果能够正确运用暗示的方法，不仅能够让对方觉得我们在照顾对方的颜面从而心存感激，而且也能在不伤和气的情况下解决问题。

拒绝有技巧，才能不伤人

不敢和不善于拒绝别人的人，实际往往戴着“假面具”生活，活得十分累，而又丢失了自我，在事情过后往往后悔不已；然而却又因为难于摆脱这样一种“无力拒绝症”，从而陷入极度的自责、自卑之中。其实，学会拒绝的艺术一点儿也不难，掌握一些拒绝的技巧，拒绝也可以很动听。

拒绝他人的技巧之一：必须指出拒绝的理由

在拒绝他人的时候，可以说明理由，并且最好这个理由是真诚的、符合逻辑的。只有这样才能既达到拒绝目的，又不会破坏你们之间的关系。

如果你觉得理由有些牵强，那就不要再说明理由了。千万不可编造理由，因为谎言终究会被揭穿。

当你说出拒绝的理由之后，如果对方反驳，你重申一下你的理由就可以了，千万不要与其争辩，因为争辩会把理性转化为感性。

拒绝他人的技巧之二：耐心倾听对方的要求

当你听别人述说到一半的时候，你就已经明白你不可能答应对方的要求，此时也不要急着表明自己的态度，静下心来，听对方把话说完。

倾听是听者对说话人的一种尊重。当对方感觉到自己被尊重之后，你再婉转表明自己拒绝的立场，对方就不会产生受伤害的感觉，也就比较容易接受你的拒绝了。

另外，你在倾听对方述说的时候，可以了解对方的需求点在哪儿，这样，即使你拒绝了他，也可以在如何取得支援方面给他一些建议。如果你的建议有效的话，对方不仅不会对你的拒绝耿耿于怀，反而会感激你。

拒绝他人的技巧之三：让对方知道拒绝是为了他好

如果别人向你提出了一些违反道德或法律的请求或要求，或者是一些涉及你自身原则性的问题，此时你要坚决拒绝，同时还要向对方陈述利害，让他明白这样做可能会对他带来不利，而你的拒绝其实是为了他好。等他明白了其中的道理，就不会对你怀恨在心，也比较容易放弃自己的念头。

拒绝他人的技巧之四：拒绝的话不要脱口而出，否则会让人觉得你是一个冷漠无情的人

拒绝别人时，要首先感谢对方在需要帮助时可以想到你，并且略表歉意。注意，过分的歉意会造成不诚实的印象，因为如果你真的感到非常抱歉的话，就应该接受对方的请求。

拒绝他人的技巧之五：对事不对人

一定要让对方知道你拒绝的是他的请求，而不是他这个人。

拒绝他人的技巧之六：在拒绝别人之前，可以表明自己是心有余而力不足有人邀请你双休日去郊游，而你对这个时间早已作了安排，怎样拒绝他呢？“郊游？太棒了！我早就想和你一起好好到郊外玩玩了，可是……”由于你对没有答应他的要求表示了遗憾，他虽遭到拒绝，但也不会对你产生什么不良印象。

当我们对于别人的要求不能唯命是从的时候，就需要巧妙地拒绝，只要我们讲究一定的策略和方法，以情感人，以理服人，就一定能够化解由于拒绝而带来的种种不愉快和顾虑！

第九章

少说多听，学会听话才能好好说话

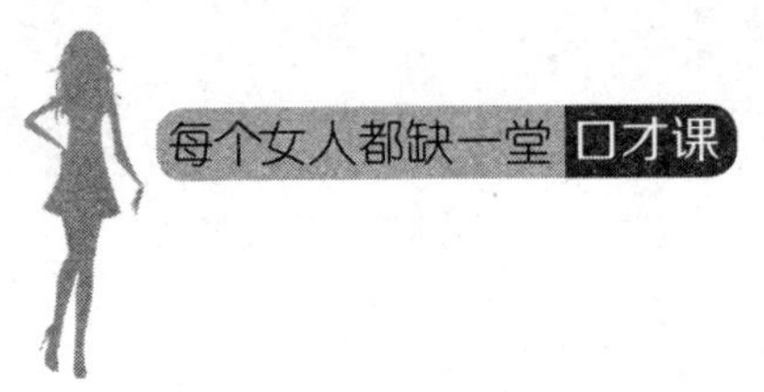

有时别人需要的只是你的倾听

专心听他人讲话的真诚态度，是我们能够给予他人最大的赞美。他人将以热情和感激来回报你的真诚。

人们往往对自己的事感兴趣，喜欢自我表现，一旦有人专心聆听自己的讲话时，就会感到自己被重视。

艾薇从美国旅游归来之后，在一次晚宴上结识了一位男士。当这位男士知道艾薇刚从美国回来，便说自己从小就梦想着去美国旅行，现在都未能如愿。在之后的交流中，艾薇发现他是一个很健谈的人。她知道，和健谈的人打交道，懂得倾听是极为重要的。

聊天过程中，艾薇得知这位男士刚从澳大利亚的墨尔本回来。澳大利亚秀丽的自然风光一直让她神往。于是她便对那位男士说，自己一直想要去墨尔本，如果能有机会去趟墨尔本就好了。

那位男士一听讲到墨尔本，就立刻打断了艾薇的话，开始滔滔不绝地讲起了自己在墨尔本的经历，一直讲到晚会结束还意犹未尽。整个过程，艾薇只说了几句话，之后一直扮演一个合格的倾听者。宴会结束后，这位男士夸赞她是一个善解人意的姑娘，并肯定这一次的沟通非常愉快。其实，那位男士并不想从她那里听到些什么，他仅仅是需要一双认真聆听的耳朵，他只想倾诉。而艾薇正好懂得这一点。

聆听是一种沟通技巧，也是礼貌和诚挚的表现。倾听使谈话双方关系更加融洽，同时，心灵的距离也被缩短了。

假如你要他人同意你的观点，必须遵循的规则是：使对方多多说话，试着去了解他人，从他的观点来看待事情就能使你得到友谊，减少彼此之间的摩擦。

艾玛是纽约市中区人事局最得人缘的工作介绍顾问，但是过去的情形并不是这样。在她初到人事局的头几个月中，在同事之中连一个朋友都没有。因为那时每天她都使劲地吹嘘自己，比如在工作介绍方面取得的成绩，她新开的存款户头，以及她所做的每一件事。

她认为自己的工作做得不错，并且为之自豪，但是同事们不但不分享她的成就，而且极不高兴。在莫名其妙中，艾玛开始反省自己，在她认识事情的实质时，她开始少谈自己而多聆听他人的声音，很快便扭转了氛围。

德国人有一句谚语，大意是这样的：最纯粹的快乐，是我们从那些我们的羡慕者的不幸中所得到的那种恶意的快乐。或者，换言之，最纯粹的快乐，是我们从他人的麻烦中所得到的快乐。

是的，你的一些朋友，从你的麻烦中得到的快乐，极可能比从你的胜利中得到的快乐大得多。因此，我们对于自己的成就要轻描淡写。谦虚会永远会受到欢迎。

可以说聆听是一种积极的态度，它意味着能控制自身偏见和情绪，能克服心理定势，从而给对方以热情的回应。

西格曼算是近代伟大的聆听大师了。他是一位十分专注的听人讲话的人，他拥有他人都不具有的特殊气质，并能用心灵洞察和凝视事情。他的眼光谦逊而温和，声音低柔，姿势很少。他对待别人说话时的态度——即使别人说的不好，还是一样认真地聆听。

只谈论自己的人，所想到的也只有自己，而只想到自己的人，是不可救药的未受教育者。人们会认为他没有受过教育，不论他读过多少年的书。

请记住，与你谈话的人，对他自己、他的需求和他的问题，更感兴趣千百倍。他对自己颈部的疼痛，比对非洲 40 次地震更为关注。当你下次开始跟他人交谈时，别忘了这点。因此，假如你想要别人喜欢你，请从现在开始，做一个好的聆听者，鼓励他人谈论他们自己。

有些女人，自以为是，目空一切，往往不愿去听别人说什么，无知与偏见就这样产生了。耐着性子多听一些，就会了解对方的内心感受，信任很容易就会产生。

在“聆听”的过程中，也是有层次之分的。最为低层的要数“听而不闻”了，这类倾听者，对说话者的话语如同耳边风。过一段时间再问他，他会什么都不知道，就像那时的倾听者不是他一样。其次是“虚应故事”，“嗯，……是的……对对对……”略有反应，其实心不在焉。第三是“选择性的听”，只听合自己口味的。第四是“专注的听”，每句话或许都进入大脑，但是否听出了真意，值得怀疑。层次最高的则是："设身处地的聆听”。聆听可以打开别人的心门，传递出一种肯定、信任、热情的信息，使你的人际关系更通畅。

倾听不只是把耳朵交出去

如果你希望成为一个善于与人沟通的高手，那你就得先做一个愿意倾听的人。要使别人对你感兴趣，那就先对别人感兴趣。问别人喜欢回答的问题，鼓励他人谈论自己所取得的成就。不要忘记与你谈话的人对自己的一切比对你的问题要感兴趣多了。

许多人一直认为当别人说话时，闭起嘴巴才是讲礼貌的表现。事实上，真正有效的倾听，不仅仅是耳朵的简单使用，而是与嘴巴、脑袋有效的配合，特别是嘴巴。

长时间的沉默会给人造成极大的心理压力。我们往往可以在影片中看到监狱中有一个叫做禁闭室的房子，用来惩罚不听话的犯人。房间不仅非常狭窄而且最重要的是那里既见不到阳光又没有人和你说话，你就这么静静地待着，一待两个星期或者更长。实际上，正常的人即使是在里面关上一天都感觉度日如年。因为人生性是排斥黑暗和沉默的，沉默使人感到没有依靠，有的时候真的可以让人为之疯狂。

所以，我们在“倾听”的时候，不仅要“听”，还要让人感觉到我们对他所说的话“表示有兴趣”。如果发言者谈论的内容确实无聊且讲话速度又慢，我们可以转变自己的想法，设想倾听这场谈话或多或少都可使自己获益，那么在倾听别人谈话时就会自然流露出敬意。

另外，在倾听对方谈话时还需要聚精会神、全神贯注。当某个人到你的办公室来和你谈判时，你绝对不允许有任何事情分散你的注意力。假如你是在一个喧哗嘈杂的房间里和人谈话，你应当想方设法地让对方感觉到你们是在场仅有的两个人。

在交谈中，你的双眼应凝视着对方，以表示你对他的尊重和在意。

尼克和他的销售经理正在共进晚餐，每次那位漂亮的女招待经过他身边时，销售经理的视线就会一直追随着她，直到看不见为止。尼克感觉自己受到了莫大的侮辱，事后对朋友抱怨道：“对他而言，那位女招待的腿显然要比我说的话更重要。他一点儿都没有认真听我讲话，他完全漠视了我的存在！”

为了清楚地听到对方的谈话，聚精会神、用心倾听是非常必要的，如果我们的精力不集中，谈话过程中就会神游天外、心不在焉。不仅让对方感觉不舒服，还有可能使我们错过某些重要的信息。还有需要注意的是，作为一个有修养的倾听者会记住对方表述的内容重点，并完全了解别人的希望所在，而不是去注意发言人的长相、声调。

以下四点是一个合格的倾听者所应当掌握的：

1. 注意

倾听时，眼睛注视说话的人，将注意力始终集中在别人谈话的内容上，给予对方一个畅所欲言的空间，不抢话题，表现出一种认真、耐心、虚心的态度。

2. 接受

交谈时，通过赞同的微笑、肯定地点头，或者手势、体态等作出积极的反应，表现出对谈话内容的兴趣和对谈话对方的接纳与尊重。

3. 引申话题

通过对某些谈话内容的重复和对谈话对方情感的重述，或通过提出某些恰当的问题，表现出对谈话内容的理解，同时帮助对方完成叙述，从而使话题进一步深入。

4. 欣赏话题

在倾听中找出对方的优点，显示出发自内心的赞叹，给予总结性的高度评价。欣赏使沟通变得轻松愉快，它是良性沟通不可缺少的润滑剂。

在对方倾诉的时候，尽量不要打断对方说话，大脑思维紧紧跟着他的诉说走，要用大脑记而不是简单地用耳听。这时，还要配合眼神和肢体语言，轻柔地看着对方的鼻尖，如果明白了对方诉说的内容，要不时地点头示意。必要的时候，用自己的语言，重复对方所说的内容，这样，自然能够让人感觉到你的尊重和理解，你们之间的沟通也就顺畅起来了。

做个忠实的听众

很多人会犯下不了解对方就妄下定论的毛病，如此一来就会造成人际交往中难以沟通的情况，构成交流的障碍和困难，更有甚者造成双方的冲突与矛盾。

当你不同意对方的观点，或者对方还没论述完的时候，不要妄下判断，因为这样不仅会招致对方反感，也可能会造成不必要的误会，影响双方交流。当对方滔滔不绝地说自己的想法时，你需要做的就是放下那些不耐烦，静静地聆听，如此才能走进对方的内心。

芭贝拉·魏尔生太太和她女儿洛瑞的关系正在恶化。洛瑞过去是一个很乖、很快乐的小孩，但是到了十几岁却变得很不合作了，有的时候，甚至于喜欢争辩不已。魏尔生太太曾经教训过她、恐吓过她，还处罚过她，但是并没有收到好的效果。

有一天，趁着魏尔生太太出门的空隙，洛瑞没有完成读书计划便偷偷跑出去玩了。女儿回来后，魏尔生太太并没有像平时那样对她大吼大叫，因为她已经有些灰心丧气了。魏尔生太太有些伤心地看着自己的女儿。女儿这一次倒也意外的听话，她似乎看出了母亲的心情，主动认了错。趁此机会，魏尔生太太询问她这些日子的反常行为。洛瑞刚开始还有点吞吞吐吐，后来就毫无保留地说出了一切情形。那是因为：魏尔生太太从来没有听她要说的话，却总是告诉她该做这该做那。当她要把她的想法、感觉、看法告诉母亲的时候，母亲却总是打断她的话，而给她更多的命令。

魏尔生太太开始认识到，女儿需要的不是一个忙碌的母亲，而是一个密友，让她把成长所带给她的苦闷和混乱发泄出来。

从那次以后，魏尔生太太便注重和女儿的交流，听女儿诉说她的烦心事，倾听女儿的心声……她们之间的关系也大有改善。洛瑞再度成为一名很合作的孩子。

一般人都有两种心理状态：其一是，一个人作为一个独立的主体，总是事事从自我的角度出发，他最喜欢的是他自己而非别人，他最爱谈论的便是自己，因此，在谈话时不是倾听对方讲话，而是口若悬河地向对方讲自己的事。这是典型的自我中心主义者。其二是，不是很健谈的人，他的心理活动比较复杂，情绪变化较大。由于他沉默寡言，不开心的事情不愿讲出来，很多烦恼的情绪都被理智积压在心中。有时，有了什么高兴的事，也不喜形于色，不愿与人分享，这种人表面上看起来不动声色，坚强沉着，内心活动却很激烈。

因此，如果遇到朋友在你面前宣泄，你千万不能打断他，这时你所做的事就是静静地听。在倾听的过程中，你们的友谊在加深，他对你的信任程度也在增加，你会因此而获得一份真诚的友情。因为当他发现你在认真地聆听他的话时，好感和亲近感便油然而生了。因为你已满足了他的需要，最重要的是，你一开始便尊重了他。他在你的这种态度上找到了他的重要感、自信心。

倾听是一种礼貌与修养的表现，是把别人的表达需要放在自己的前面，是一种张开自己体谅胸怀的表现，是一种乐于提供帮助的态度。做个忠实的听众，对增进朋友的关系有着重要而现实的意义。所以，多给对方说话的机会，使之能畅所欲言，充分地表达出自己的心声。

恰到好处的提问，更有利于倾听

倾听并非是闭上嘴巴那么简单，懂得适当的提问，更有利于交流的进行。我们可以想象一下，如果我们在诉说，而对方一声不吭，没有任何反馈，这样你还能淡定自若地说下去吗？你是不是开始怀疑对方是否真的在用心听自己讲话，或者觉得是不是自己讲得内容对方不感兴趣？

因此，如果我们是倾听者，除了要听对方诉说之外，还要学会给对方一些反馈，而恰当的提问很容易拉近彼此的距离。当然，提问并不是毫无原则的，更不能鲁莽。通常来说，很多人向你倾诉烦恼的过程，正是他整理自己情绪的过程。所以，你不要轻易打断他，一旦你打断他否定他的观点，对方可能顿时就失去了向你诉说的意愿。

那么我们什么时候进行提问呢，又要如何提问呢？

我们可以在对方倾诉告一段落的时候，试着给对方的话做个小结，比如“哦，原来是这样，你的意思是……但是……”如此提出你的疑问。另外，可以先对他的意思表示认同，然后委婉地进行提问。你先肯定对方，表示自己在情感上跟他产生了共鸣。在这个过程中，你也可以试探一下对方的真实想法。如果对方因为被情绪影响考虑不周，你贸然地否定只会让他更加心烦，并关闭对你敞开的那道心门。

另外在提问的时候，我们要注意以下几点：

1. 不带着消极情绪去提问

例如，一个人工作经常出现失误，你如果总是毫无顾忌地问："你为什么总做不好呢？""你怎么就不行呢？"这无异于在批评对方，虽然良药苦口，但是这样说的话很难让人接受。我们为什么不能换个说法呢？比如"你能不能想到什么解决的办法呢？"相信对方在听到这些话的时候，之前的紧张心情也能得到放松。而且，请不要对情绪低落的人说："啊，就这么结束了？按照你的能力不应该这么草草结束啊！"你应当在知道对方情况之后去激励对方，比如"这次失败太遗憾了，但是几个月前你的表现实在是太精彩了不是吗？尝试去找回那时的自信吧！"

人是感性动物，不论外表看起来多坚强，没有人对不愉快的事情能够真正做到无动于衷。因此你不要因为对方表现的很坚强，看上去满不在乎就毫无顾忌地提问，这样无疑是在伤口上撒盐。

2. 在提问时尽量避免使用否定式提问

在提问的时候尽量不要出现"不"这个字眼，比如："别人都行，那你为什么不行呢？”这无异于是在责备对方，尤其是一些经验丰富的人往往会对初学者说出这样的话，不如换个方式说：“如何才能把工作做到最好呢？”如此一来，对方也会积极地思考问题的解决方法，以及如何继续开展工作。总之，我们应当先接受那些或许并不太乐观的情况，然后再询问对方应当采取哪些补救措施。

当你从肯定的角度去提问的时候，对方也会顺着你的思路进行解答，更有利于交流的进行。

听明白对方到底要说什么

倾听，似乎是一件没什么技术含量的活，但是只要人们认真思索一下就不难发现，其实很多时候我们根本听不明白对方在讲什么，甚至会听成迥然相反的两件事，以至于给自己和他人带来困扰。

听人讲话最基本的一点就是要弄明白对方所说的话究竟谈到了哪些事情，只有抓住这个关键因素才能听懂对方的话，并做出相应的反应。

生活中，有些人虽然一脸虔诚地听人讲话，但是如果向他询问对方讲的是什么，他很可能会一脸茫然。他为什么没能听懂、听准对方的讲话呢？原因可能五花八门，可能是由于对方话语啰嗦，表意不明，也可能是因为自己知识浅薄或者立场不同、阅历不同、专业不同，以至于听不明白。在人际交往中，善于聆听别人的讲话要比能说会道更加重要。如果听不准对方的话，很可能会给自己带来麻烦。

一家外贸公司准备搞一场露营活动，王经理是此次活动的负责人。他想买点竹竿，做成鱼竿，供大家娱乐之用，于是他吩咐秘书："去买点竹竿"。呆头呆脑的秘书没有听准经理的意思，以为让他去买几斤猪肝。于是这位秘书就跑到菜市场逛了半天，最终找到了一家卖猪肝的店，又想起领导没嘱咐要买几斤，就决定多买点，顺带买了点猪耳朵。

秘书将猪肝交给经理的时候，经理大笑不止，无奈地说："耳朵呢？"意思是说，这个秘书没长耳朵，没听明白自己到底要买什么，但是秘书听后却松了一口气，心想幸好自己多个心眼，多买了猪耳朵，于是将猪耳朵掏出来说："耳朵在这儿呢！"

经理看后不知自己该笑还是该哭了。

碰到这样的秘书简直让经理操碎了心，让他买竹竿竟然能听成买猪肝，把教训他的话错听成其他。这个故事虽然看起来可笑，但是类似的事情其实在每个人身上都多多少少发生过。有时是因为脱离了客观环境理解导致听错了，有时是由于谐音听错了，有时是由于自己的注意力不集中而听错了……但是不管出于什么原因，听不准都容易造成差错。由于没有听明白对方交代的事情而出乱子、得罪人的事情时有发生。

因为连续几天的大雪，路面变得非常滑。刚走出写字楼不久，青青不小心摔了一跤。虽然摔得不轻，但她还是以最快的速度站了起来，并下意识地向四周望了望，看看是否有人看到了自己的囧态。没想到同事小刘正朝这边走来。当时青青感觉很不好，没想到小刘走到自己跟前后，像什么事也没发生一样跟青青说："我刚才下楼的时候，发现地面特别滑，走路注意点。"青青很感激地看着他，心想"他可能什么都没看见"。

第二天一早，青青还没进办公室的门就听见屋里同事的谈笑声。她竖起耳朵，想听听他们到底在讲什么，刚想进门就听见小刘说："他可真笨。哈哈，谁让他那么不小心……"瞬间，青青火冒三丈，一下子就冲到小刘面前说："不就是摔了一跤吗？瞧你这幸灾乐祸的样，没想到你这么爱在背地里讲人坏话！希望你以后别栽到我手上。"

同事们疑惑地看着青青，问小刘："她说的什么啊？"小刘什么也没说就走了，青青心知她误会了小刘，懊恼极了。

生活中有些人根本没听明白别人的意思就胡乱发表意见，结果张冠李戴、词不达意。听话听不准只会给自己招惹祸端，不听可能不会做错事，听错了就很可能会搞砸一件事。

只有听准了别人的意思，才能做出恰当的回应，不至于闹出笑话，更不至于惹出麻烦。

第十章

决胜职场，会说话就是实力

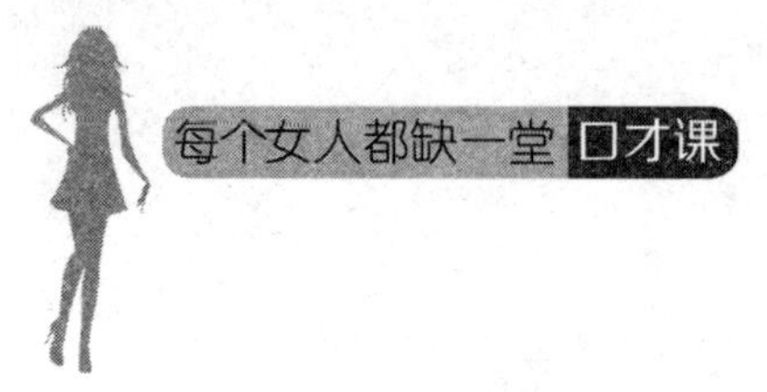

用口才闯过面试关

面试，是每个人入职前都要经历的一关。一些大型公司在招聘员工时，往往会进行几轮面试。很多人虽然能力优秀，但是往往在面试这一关败下阵来。因为面试考察的不仅是你一个人的技能，还有口才和应变能力。

面试是一个短暂而紧张的过程，应聘者在面试时往往会产生紧张情绪，在面对面试官的问题时，很难有条理地做出回答。想要在紧张的面试现场如鱼得水，就需要我们保持冷静，把话说到面试官的心坎里。

程菲是一所知名高校的高材生，能力不俗的她，由于相貌欠佳，屡屡在面试中碰壁。在经历多次失败之后，程菲并没有丧失信心，甚至开始主动上一些大公司推销自己，她相信，是金子总会发光的。

一次，她来到一家国际知名化妆品公司。对于主动上门的应聘者，面试官觉得十分好奇，因此并没有按照常规流程来对待她，而是直接由公司人事经理接待她。

面对这个有些莽撞的女孩，人事经理提出了一个问题："说一下你对化妆品市场的认识和看法。"

对于这个问题，程菲早在进入这家公司之前就做好了准备，进行了大量的市场调查，并且结合自己在学校学习过的知识，早就有了一个初步的答案。

听到经理的问题，程菲将自己的看法与调查细细道来，条理清晰。让在一旁倾听的营销部经理都忍不住频频点头，看起来十分满意。

不过，人事部经理并没有打算就此让程菲过关，马上抛出了一个让程菲有些尴尬的话题："程小姐，恕我直言，在我们这类化妆品的公司中，员工的形象十分重要，您在这方面好像不太符合我们的条件。"

尽管程菲对这个问题早有准备，但是没想到人事经理会问得如此直接。让她一下子陷入尴尬的境地，不过，她很快镇定下来，大胆地对经理说："您说得没错，化妆品公司确实要注意形象，需要让人们看到女人更靓丽的一面，但是也正因为如此，我这样的形象更可以作为一个反面的形象代言，让人们心里有一个比较，效果比单纯使用美女形象更好。"

人事经理最终被她机智的回答所打动了，当场对她说："你明天就来公司上班吧，先做销售，试用期三个月。"

后来，在程菲的努力下，她成为当年的销售冠军，并成功升为营销部的一名主管。

程菲之所以能够在面试中脱颖而出，是因为她冷静的头脑与机智的口才。面对人事经理的刁难，她在外貌不占优势的情况下用自己的口才给对方留下了一个好印象。将自己的能力发挥出来，最终得到了对方的认可。

那么在面试中如何回答才能给对方留下好印象呢？

1. 带有针对性地亮出自己的优点

在应聘求职的过程中，女性需要用带有个性色彩的语言与流畅的表达来亮出自我。将自己的优点和优势向面试官坦露出来是很有必要的。

一个公安机关曾向社会招募工作人员。一个女孩成功抓住机会，在一众男生面前脱颖而出。招聘人员与她当时的对话如下：

招聘人员：我们的工作常常需要亲临案件现场，很可能会碰到血淋淋的尸体，你一个女孩子受得了吗？

女孩：我不怕，我母亲是法医，我也是学医出身，所以对于血腥的场面，并不会产生恐惧感。

招聘人员：我们这行，没有固定时间，随叫随到。

女孩：没关系，我父亲是刑警，这一点我从小就清楚，早就习惯了。

招聘人员没有再说下去，最后录取了这个女孩。

女孩之所以能够在应聘中脱颖而出，是因为她清晰简短地讲出自己的优点，告诉对方，自己完全可以胜任这份工作。

很多男性具有的优势，女性并不具备，但反过来也一样，女性具备的优势，很多男性也不具备。所以女性在求职的时候，要大胆亮出自己的优势，让对方看到，如此才能增加被录用的几率。

2. 坦然承认缺点

很多女性应聘者，在面试时会忍不住藏起自己的缺点，担心自己的缺点暴露之后会导致面试失败。如果考官提及，会不由自主地进行反击，。如此一来，会给对方留下狂妄自大的印象。其实每个人都有缺点，坦然承认，会让对方感受到你的真诚。如有必要，可以在承认缺点的同时，做出一些解释，比如："我这个人做事比较死板，容易与人较真。"同时加上一句："因此常常得罪人而不自知。"如此一来，对方会认为，虽然你办事死板，但是也说明了你比较有原则，从而欣赏你这一特点。

3. 要学会收放自如

虽然坦然承认缺点是应该的，但是并不意味着越多越好。因此对于自己的缺点，不需要一一表露在招聘者面前。我们要明白，该说的说，不该说的不要说，要学会管好自己的嘴巴。在谈到自己的优缺点时，要有针对性地将自己的性格优点与工作联系起来，将与工作关系不大的缺点说出来即可。

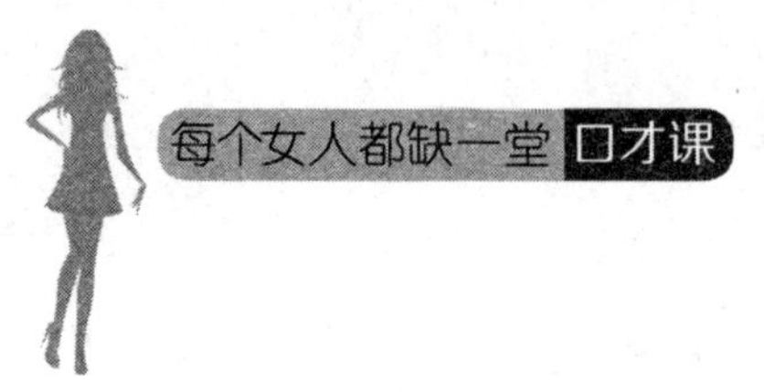

对待上司的批评，及时悔改远胜于巧言辩解

谁都不愿意被上司批评，更不愿意上司当着同事的面批评自己。但是，只要你是上班族中的一员，难免有时会被上司批评。被批评的原因有很多，有可能是你的原因，也有可能是你被陷害，还有可能是你得罪了上司。但不管是什么原因，只要你还没想调离或辞职，就不可让事情陷入僵局，否则在这样的环境里工作，你不仅不愉快，而且还会影响你的前程。

作为下属，受到上司的批评、指责时，心里都会不痛快。尽管你知道，下属被上司斥责是再正常不过的事了，可还是常常会产生抵触和抱怨情绪，从而影响到你和上司的关系。这些外在表现都是人的心态在作祟。其实，无论是强者还是弱者，要想在职场上过得顺风顺水，就不能让自己的心情受到他人的影响，不要因为一点风吹草动就纷乱不堪，而应当保持冷静，挨骂时只要低头认错就好。既然上司已经斥责了，还是干干脆脆地道歉吧！这才是下属应持的态度。

某公司秘书科的小李在接到一家客户的电话后，立即向经理作了汇报。可就在汇报的时候，经理正在与另一位客人说话。听了小李的汇报后，他只是点点头，说了声："我知道了。"便继续和客人会谈。

两天以后，经理把小李叫到了办公室，怒气冲冲地质问她为什么不把那家客户打来的电话告诉他，以至于耽误了一大笔交易。莫名其妙的小李本想向经理申辩几句，表示自己已经向他作了及时的汇报，只是当时他在谈话而忘了。

可最后小李还是忍住了，并就此事道歉。经理看小李态度谦虚、诚恳，火气也就下去了。

试想，这位经理或许也知道小李已经向他汇报过了，也的确是他自己由于当时谈话过于兴奋而忘记了此事。但是，他不可能因此在公司里丢脸，让别人知道他渎职，耽误了公司的生意，而必须要找个替罪羊，以此为自己开脱。

善于接受批评是一种高情商的表现，成熟的职场江湖人应该具有勇于接受批评的品质，并且用一颗感恩之心来面对批评你的上司，把上司看成自己的老师。面对领导的批评，要抱着一种"有则改之，无则加勉"的态度，主动承认错误，让上司感受到你真诚悔改之意。

而要正确对待上司的批评，首先要明白上司为什么要批评你。可以这样认为：批评或训斥你，有时是发现了问题，必须纠正；有时是出于调整关系的需要，为的是告诉你不要太自以为是，或把事情看得太简单；有时是为了显示自己的威信和尊严，与员工有意保持一定的距离；有时是"杀一儆百""杀鸡给猴看"。

弄清楚领导批评自己的原因之后，你的应对态度就会比较成熟，你就会不再那么执着于弄清是非曲直，而是会用一种反向思维的态度来对待自己，这样，你在情感上、自尊心上受到的伤害就相对较轻。

因此，当我们女人犯了错误，或遇到上司批评时，不要急着申辩，而是要冷静下来，主动承认错误，这样才可以缓和当时紧张的气氛。如果不懂得承认错误，反而据理力争，很有可能因此被解雇。

在受到上司批评时，你应把握以下四条禁忌：

1. 忌当面顶撞

这是最不明智的一种做法。当面顶撞领导，会让领导下不来台，而下不来台的领导一发怒，你也就下不了台了。所以，当领导生气发威的时候，不如忍一忍，大度接受他的批评，给他一个面子，这样，领导反而会认为你是一个可塑之才，能担得起大任，在今后的工作中也就会格外注重培养你。

2. 忌满不在乎

当领导对你提出批评的时候，你当时一定要虚心接受，否则就是在挑战领导的权威和尊严了。

一个对领导的批评置若罔闻的下属，很容易给领导留下“你的眼里没有领导”的恶劣印象，如果不知道改变的话，领导慢慢地就会在心理上将你放弃，甚至在工作中不再重用你。

3. 忌牢骚满腹

领导既然批评你，绝不是没事找事，一定有他的道理，你一定要虚心接受。如果你牢骚满腹，反而会让你和领导的感情变得疏远，而且还会让领导产生一种你“批评不得”的感觉。渐渐地，领导就会觉得，这人牢骚过多，用不起。

4. 忌过多解释

受到批评时，反复纠缠、争辩是很没有必要的。如果你真的有冤情和误解，当时可以先忍下来，事后再找一个合适的机会向领导表白一下，点到为止即可，完全用不着纠缠不休。

对待下属，尊重便是最好的激励

人都有被别人尊重的需要，下属也是人，也需要被尊重。一个管理者，要想建立一个高水平的工作团队，让下属忠心跟随你，首先就必须要做到尊重下属，对下属做到尊重、尊重、再尊重。

尊重下属的一个重要表现，就是要对下属多使用礼貌、鼓励的语言。

李雯是一家卡车经销商的服务经理。李雯工作非常认真负责，她管理着公司上百个工人，每一个工人的工作状态与质量她都要随时掌握，以便发现问题，及时改进。

最近有一个工人小胡，工作每况愈下。李雯发现后，把小胡叫到了自己的办公室里，她没有对他怒吼或者斥责，而是与他进行了一次坦诚的交谈。

李雯说："小胡，你是个很棒的技工。在我手下工作的这几年里，你修的车子几乎都很令顾客满意，很多人都称赞你的技术好，你真的是一个杰出的技工。可是，最近你怎么了？为什么你现在完成一件工作需要的时间变长了，而质量却远远不如以前了呢？坦白来说，我对你现在这种情况是不太满意的，也许我们可以一起来想个办法改进这个问题。"

小胡也很诚恳，说："在你找我谈话之前，我并没有意识到我没尽好我的职责，我向你保证，我今后一定会想办法改进，尽快提升工作效率和质量。"

因为李雯的尊重，小胡工作的积极性和进取心都被调动起来了，他的工作状态开始有所改善，往越来越好的方向发展。

"尊重"这个词听起来、说起来容易，做到却很难。"尊重"是一种很高的修养，是由里而外透射的人格，而这种人格是需要修炼积累的，这也成为衡量一个成功人士的标准。

现实社会中，很多领导都无法做到尊重下属。有的领导心里总是抱着一种居高临下的思想，认为"你是我的下属，就得服我的管，听我的话！"所以，他们在与下属说话的时候就不大注意，经常使用一些生硬的命令人、指使人的职务语言，或者是讽刺挖苦人、羞辱人的损人语言，或者哄人、骗人的欺骗语言，甚至于辱骂人、威胁人的暴力语言等。领导可以用这种方式让自己获得一些快感，却在不知不觉中伤害了下属的自尊心。

一个懂得尊重下属的领导，一定会创造出一种相互理解、轻松和谐的气氛，从而调动员工工作的积极性，增加员工工作热情，让下属乖乖地在你的领导下进行分工合作，吸引更多高素质人才加入到自己的团队中来。而尊重下属的领导，不会因此而失去权力，相反更能提高自己的威信，得到下属更多的尊重与爱戴。

所以，要想成为一个成功的女强人，必须要提高自身修养，学会尊重下属。当你学会尊重你的下属，你的团队会因此而更加精彩！

意见要会提才是好意见

领导这个角色有时是矛盾的，他急需要别人为他出谋划策，又需要在下属面前维护必要的权威。这就要求下属在提建议的时候，一定要选对方式。女人，只有会巧提建议，才能令领导刮目相看。

没有哪个管理者真正喜欢经常提意见和问题的下属，但是所有管理者都会欢迎那些能够积极给公司提出有效的建设性意见的人，因为他们能协助改善集体的管理！所以，把意见和问题转化成建议，是与上级沟通的重要法则。

张静，是一家服装对外贸易公司的文秘。一天，公司召集所有员工开会，说是要研究一个问题。

公司当时正好和一家服装厂谈好了一个项目，拿服装的价格非常便宜，但上司的意思还是想走原来的价格销售服装。而张静和上司的意见不同，她认为价格应该稍微低一点儿，但她并没有说出来。因为她知道，如果直接说出自己的观点，很可能会让领导不高兴，使领导对自己产生不好的印象。所以，她只是努力做好一个文秘该做的工作，把会议内容详细记录下来。

会议上，各部门、各级别的代表一一发表了自己的意见，但并没有实质性的进展。因为大家都顺着上司，有的人说他的看法很好，有的人说这样可以大大提升公司的业绩，反正都是一些恭维的话。

就在会议接近尾声的时候，上司突然将目光转投到了张静身上，他笑着说：“我想起来了，我们几个大老爷们在这里议论衣服。你们看我的秘书小张，她的衣服多时髦啊！我们的衣服不就是面向这些小女孩的吗？我觉得她更有发言权！”

张静很谦虚，她笑着说：“其实，我并不是一个时尚的女人，我姐姐很时尚，她经常是不贵的衣服不买！”

上司和其他同事听后，哈哈大笑起来。上司问张静：“那你买衣服有什么原则？”

张静笑着回答：“我是那种特现实的人，如果有两家服装店卖一样的衣服，我肯定会买便宜的，即使便宜一块钱。”

上司听着听着，陷入了沉思。过了一会儿，才说：“我们不能将所有的衣服都保持原来的价钱，我们要分类处理，一类衣服走高价，一类衣服走低价。”

于是，又经过一番仔细的研讨和分析，最后拟订了一个全新的方案。按照新方案，衣服销售得果然很好。为此，上司还请张静吃了一顿饭，并且，张静也越来越受到器重。

和上司之间的意见不统一很正常，谦虚的态度很容易使上司对你产生好感。如果你的意见又切实可行，上司还是非常愿意接受的。

下级给上级提建议时必须要注意一些方法：

1. 以请教的方式向上级提出建议

向上级提建议的时候，如果以请教的方式，会让上级产生被尊重的感觉。这样有利于增强你与上级之间的信任感，减少摩擦和敌意，让领导更容易接纳你的建议。

2. 要多一些正面建议，少一些反面意见

遇到问题的时候，不要一心想着纠正领导的错误，你只要把自己的观点和建议陈述明白就可以了，至于是否被采纳就交给领导来决定。这样，领导不会觉得自己被冒犯，也会比较乐意接受和考虑你的建议。

3. 不到万不得已，千万不要在公开场合提建议

领导一般都要维护自身的权威，你当众向领导提建议，会让领导觉得你是在挑战他的尊严和权威，所以千万不要在公开场合向领导提建议，否则，倒霉的只能是你自己。

有意见或建议，可以私下向领导提出来。因为在私下里，不会损害到领导的权威，如果你言之有理的话，领导也会比较容易接受。

4. 提意见之前，选对时机

心理学研究发现，人在情绪不佳、内心忧虑的状态下，会产生较大的情绪波动，思考能力也会有所下降，不容易接受别人的建议；

而当人的心情比较好的时候，对别人提建议的行为更乐于采用宽容的态度，接受别人的建议也会变得比较容易。所以如果你想向领导提建议的话，一定要选在领导心情愉快的时候。

5. 切忌夸夸其谈、空谈大道理

提建议的时候，一定要简洁明了，提的意见一定要切合实际，具有可操作性。提建议的时候，千万不要锋芒毕露，过于显示自己的聪明，这样会让领导感觉受到威胁。

在向领导提建议的时候，一定要谦虚得体，即使领导不同意，也不要立即反驳和争辩。

6. 研究上级领导的个性、习惯和思维方式，以及对某一特定问题的看法

只有对上级有了一定的了解，才能在给上级提建议的过程中，做到“对症下药”，而且“胸有良方”。

7. 在领导没下决定前提建议

提建议的最佳时间就是上级还没有做出决定之前，当然这个需要你有一定的判断能力。在这个时候提建议，上级不会觉得你是在反对他。

8. 要多准备几套方案

在向领导提建议的时候，多准备几套方案，会增大领导接受你的建议的概率，同时也给领导留下了选择的空间。当领导没有接纳你的建议，反而提出了一种你意想不到的方案的时候，不要急着否定，因为一个观点正确与否是需要仔细考虑、反复论证的。

关键时刻说对话

沟通，是职场战略的金钥匙。在不同情况下，说话的方式和技巧都需要随机应变。但是很多女性却不能切实掌握这一要领，在面对突然到来的场景时，总是感觉很尴尬，拿捏不准应该说些什么话才能贴合他人的心意。因此，情急之下总会说些不得体的话，以至于自己日后想起来都感觉很傻。在工作场合，我们需要面对的突发事件会很多，但归纳起来，最常见的有以下四个方面。

1. 当上司询问对公司政策的看法时

在职业场合，有时候我们会遇到这样的情形，公司刚制定了一套奖励方案或者其他的措施，还没有出台的时候，有时会征求一下员工的意见。这个时候，你别指望着自己的意见能够改变上司的想法。事实上，这个方案是老板已经深思熟虑做好了的。征求你的想法只是想体现一下他的民主精神，另外也想了解一下员工的想法，以做到对执行情况心中有数。

这个时候，你的得体回答非常重要。很多女性却不明白这一点，在面对上司的询问时显得非常紧张，结果就慌不择口地说了没意见或者没来得及想之类的话。更有甚者，把自己的真实想法也搬了出来，顺带着平时的积怨也一股脑地说了出来，像“反正吃亏的总是我们”“物流部总是眼红我们的奖金”“为什么不按劳分配”等，结果，你是逞了一时口快，却说得领导直皱眉。因为，在领导看来，你的这些话正是在讽刺他的管理方法。因此，你应该选择既能表示自己有独到见解，一定程度地维护自己的利益，又不反对他的意见的语气和内容来回答，比如，你可以说：“感激您与我交流，业绩好应归功于管理者”“奖励方案是否会很快公布”“做销售常被客户挑剔，但您的压力一定更大”“我做了大量销售维护工作，年底可超额15%”等这样说既不会扫了老板的兴，又不会给老板留下不好的印象，何乐而不为?

2. 当被上司邀请讲讲对某计划的看法时

在工作中，有些上司为了表现自己的民主或者本身就想知道下属的想法，有时候会向员工征求对某项计划的看法。此时的回答技巧也是很关键的。因为，谁也猜不准上司的真正想法。有些员工总害怕自己的意见和上司相左的话，会受到排挤，因此，唯唯诺诺没有结论性回答。也有些同事，对自己特没自信，总担心自己的回答可能会班门弄斧，让上司看轻自己。因此也不能很好地表达自己的想法。真是说多了怕妨碍上司的计划，说少了又显得没水平，墨墨迹迹地不知道该怎么说才好。

其实，当上司问你对某计划的看法时，你最好能提出一些和这份计划相关的问题及建议，以抓住时机表现专业素养和忠心。比如，你可以说：“这是迅速扩大市场份额的新策略，但中国地域辽阔，市场情况复杂，因此不会一帆风顺。”“一定要有周详的品牌输出和管理的模式。”“先做前期市场调查。”这些论调听起来会让人感觉你对这份计划书很了解，对市场也有一定的把握，最起码你有自己比较专业的看法。即使老板和你的想法不太一样的话，也可以通过交流沟通的方式来解决，但最重要的是你向老板展示了一个知性、有想法的职业形象。

3. 当同事为客户问题气愤时

同事之间的相处也需要适当的时机说适当的话。比如当你的同事刚接完客户的投诉电话，心情正处于低落时，很明显，他需要的是安慰、倾诉和鼓励。如果你此时和他一起长吁短叹、顿足骂娘的话，肯定会让他的委屈心理在你的帮助下得到扩大，会更增加他的不平衡心理。

因此，此时你的立场和言语都必须适当。切不可说一些火上浇油的话，比如，“不能忍气吞声。要不，他们还以为咱们好欺负呢。”“某某啊，你也太嫩了，你怎么能让客户牵着鼻子走呢。”“去向客户的老板投诉吧，要都这样的话，我们的工作也没法做了。”这样以来，你的那位同事原本只想发泄一两句就完事的，却在你的撺掇下陷入了更大的气愤和苦恼中去了。

毕竟面对工作中的客户，我们不能采取过激行为，最主要的还是需要良好的心理素质、耐心和技巧。因此，你可以这样说：“无所谓啦，客户服务不就是斗志斗勇嘛。我觉得你刚才的语气很好。”“客户就是这样，等他发完了火再谈，事情比较顺利些。”“某某，喝杯咖啡吧，工作归工作，不能真生气。”这样一来，你的同事就会马上顺气了，毕竟，这就是他的工作。

上述的两种说法就产生了截然不同的效果。工作中需要看时机和场合说话的情况还有好多，你要揣摩说话者的真实意图，然后在不损害自身利益的情况下说出适当的话来。

会说话的员工，这样跟老板提加薪

职场上，很多女性都不好意思向老板提加薪，即便对自己的工资不满意，也不敢直接提出来。大多情况下，消极等待来的加薪往往达不到自己理想的效果。一般来说，除非你工作特别突出，为公司做出了极其重要的贡献，不然老板不会主动为你加薪，更多时候，自己的利益还是需要自己争取。

曾有人进行调查，发现女人一生赚取的薪水要比男性少 13%。这当中除了一些社会因素之外，一个重要的原因就是大多数女人从未主动提过加薪要求。

王颖和孙悦是一起进公司的同事，也是好朋友，但是孙悦最近向老板提交了辞呈，准备跳槽。孙悦跳槽前的那个晚上，王颖请孙悦去酒吧小坐，算是话别。因为是好朋友，又是同事，所以两人聊的话题，依然离不开公司。聊到投机处，孙悦向王颖透露了一些公司内幕，让王颖的心情再也无法平静下来。

该公司是个有一定的规模和知名度的大公司，所以当初来应聘的人特别多，王颖和孙悦算是这拨人中的幸运儿，当然也因为她们都有令人羡慕的学历，一去应聘就得到拍板，实习期未满，就双双被公司留下签为正式员工。老板如此欣赏，让她们心里异常温暖，对老板感激不尽，决心加倍努力工作，所以她们几乎每天都加班，一周工作时间在60个小时以上。

实习期满，让她们翘首以盼的薪资并未落实，老板的许诺没有兑现，只是象征性地增加了一些，而且这份额外的收入还是老板在私下里给的。就这样，拿着比其他同事多几百元的薪水，心里有隐隐的优越感，但每天加班至深夜，又觉得为这点工资不值，心里有些郁闷。

王颖原以为，孙悦之所以跳槽是因为厌烦了这种没日没夜的工作形式，加上薪水又不高，但孙悦告诉王颖，她的离开主要是因为自己想寻求更好的发展；至于薪水，她的工资早就4000元了，而王颖仍拿着2500元。

孙悦同情地看着王颖说："你也真够傻的，只会拼命干，却不知道向老板提合理要求，太不珍惜自己的劳动了。换成别人，要么不加班，要么早就提加薪了。实习期满后两个月，我就向老板提出了加薪要求，老板单独找我谈话后便把我的工资涨到2000元。半年左右，我再次找老板，无非说些个人与集体利益应成正比关系的话，这一次工资涨到3000元。6个月后，公司盈利大幅增加，我们都功不可没，所以我又单独和老板谈了，他无论如何不愿再加薪，后来我拿出了全国同类型行业员工工资数据给他，我的工资就涨到4000元。因为每次谈话后，他都特别关照让我不得声张，否则公司大乱，对我也没什么好处，考虑到每个人的利益，也就没跟你说。现在我走了，告诉你这个秘密，实在是感觉你做得太吃亏了。”

孙悦的一席话让王颖失眠了一夜，也思考了一夜。第二天上班，深思熟虑的王颖终于向老板提交了一份关于加薪的书面建议，同时告诉老板，她昨天和孙悦聊了一晚上。老板尴尬地“哦”了一声，拿了报告就走了。

一会儿，老板把王颖叫到了办公室，半个小时后，王颖从老板的办公室里出来，老板同意了她的加薪申请。

申请加薪虽然是一招险棋，弄不好会因此而被“扫地出门”或者被赶出去，老板也会对你“另眼相看”，但是，如果你善开“金口”，向老板提出加薪也远没有我们想象的那么可怕。

成功说服老板为你加薪，你需要注意以下几个方面：

1. 要有理有据

要说服老板给你加薪，并不是一件容易的事情，稍有不慎，你在领导心目中的良好形象很有可能就被破坏掉了。因此，在向老板申请加薪的时候，一定要先找好一个谈话的切入点，然后有理有据地展开。

只要你能让老板意识到给你加薪有百利而无一害，甚至让他产生不久的将来你会给他带来滚滚财源的憧憬，领导自然会给你加薪的。

2. 要选择适当的时机

向老板申请加薪，也需要注意时机。在公司遇到麻烦，老板心情郁闷的时候，向老板提出加薪的要求，一般都会被拒绝；而如果选择老板沉浸在成功的喜悦里的时候，或是他的家人有什么喜事而使他轻松愉快的时候，你向他提出加薪的申请，一般会比较容易接受。

另外，在提出加薪申请之前，你还必须要弄清楚公司的加薪时间。一般情况下，公司都是从第四季度开始做下一年的预算，因此第二年的年初会是一个加薪的时间段；不管什么公司，一般不会在年终加薪；夏天同样也不是一个提加薪的好时段。所以在你向领导提出加薪申请的时候，一定要避开这些时间，否则，你的加薪申请很可能会被领导拒绝。

3. 静听老板不为你加薪的理由

如果你的加薪申请没有通过的话，老板会向你解释你被拒绝的原因。这时，你一定要心平气和地聆听，然后再寻找突破口。千万不要表现出不高兴的样子，或者闹情绪，甚至与领导发生争吵，这样只会让领导对你产生不好的印象，你的加薪申请就更不容易通过了。

4. 托人“传话”

如果你只是一个小职员，几乎不会和领导直接打交道，你可以把你的加薪申请交给部门经理，让他帮你交给老板。此外，你也可以交给老板身边比较亲近的人，让他们代你转达你的加薪要求，这样反而会收到更好的效果。

当然，选择帮你“传话”的人是一个技术活：你一定要确保你选择的那个人是了解你、理解你、同情你的人。这样，他在传话的时候会把话说得婉转一些、圆满一些，也会往更有利于你的方向上去说。

托人传话，因为不用直接与老板“正面交锋”，你也就避免了加薪申请没通过时产生的尴尬。

第十一章

谈谈情说说爱，爱你在心口先开

面对爱情，羞羞答答的玫瑰要大胆地开

向异性开口表白，对于含蓄内敛的女人来说，是一件很难为情的事情。大胆表白吧，怕对方觉得自己轻浮；将爱慕之情掩藏吧，又害怕因此错过对方。其实，女人大可以抛开这些顾虑，大胆地把自己的心意说出来！可能对方也在顾虑着，没有向你表白呢！

夏燕大学毕业后在一家银行上班。同事华明是一个比她大三岁的男生，浓眉大眼，风度翩翩，事业心强，人品也好，还热爱体育、文学。华明和夏燕兴趣相投，很合得来，两人经常一起唱歌、跳舞，形影不离。渐渐地，夏燕发现自己爱上了华明，她也知道华明没有意中人。

但是，夏燕却一直不敢向华明表白，她期望华明能洞察她的心。一年两年过去了，可惜华明的知觉有些"迟钝"。两年后，戏剧性事情发生了，华明在一次同学聚会上认识了一位长相酷似夏燕的女孩晓雪。与夏燕不同，晓雪的性格爽朗明快，并且疯狂地喜欢上了华明，她对华明频频发动爱情攻势。

有一天，华明把晓雪作为自己的女朋友介绍给同事时，夏燕惊呆了，她的眼泪夺眶而出。

所以，如果女孩都像上面故事中的夏燕一样，在爱情面前不主动把握住进攻机会，也同样会失去如意的感情，到那时，只能一个人悲伤，一个人后悔了。俗话说："男追女，隔座山；女追男，隔层纱。"聪明的女孩子要学会该出手时就出手，不要错失大好时机。

对女人而言，追求爱情中最大的困难或许就是难以主动开口、担心表白被拒，但如果你能够在表白过程中注意以下三个方面，那么，这些就都不是问题，你依然可以和心中的他共浴爱河！

1. 表白过程中，主动出击，寻找共同话题

在约会过程中，一定要对对方的反应进行仔细观察。很多女孩在喜欢的人面前，由于心理原因，总是有一分矜持。对方不说话时，她也低着头一副羞涩的模样，任凭尴尬的气氛在彼此之间蔓延。

在约会中，女孩不妨主动寻找双方都比较感兴趣的话题，进行互动与交流，这样不仅幽默风趣，而且能培养二人的共同意识，增强二人的默契度和相处的舒适感。只有这样，对方才会越来越喜欢和你在一起，你才有可能表白成功。

总之，在表白的时候，一定要记住，不是让对方接受自己，而是让彼此接受对方。

2. 表白要大胆，方式要迂回

女生在向自己喜欢的男生表白的时候，一定要选择一种比较迂回的方式。所谓迂回告白，就是不直接说出你的心意，而是运用一些小心机，拐弯抹角而又恰到好处地向对方传达出你的心意的一种告白方式。

通过迂回告白，让对方明白你的心意，进而反过来追求你，这样你的告白就算是成功了。

但是有时候，男生收到表白之后，态度显得有点暧昧，让人难以捉摸，此时，如果还不想放弃的话，则需要改变方式，直接向他告白。因为，面对一个不解风情的男人，即使再多暗示也没有用，干脆打开天窗说亮话，直奔主题，这样你或许还有机会，否则，你期望的恋情将还没有萌芽就销声匿迹了。

3.“迂回告白”后，仍需认真观察

迂回告白之后，要好好观察对方的一系列反应。如果对方明白你的心意以后，反过来追求你，则告白成功。但是，如果对方在你告白之后，刻意与你保持距离，这就说明他对你没有兴趣。如果你接收到的是这样的信息的话，就不要再纠缠不休了，否则到最后你们连朋友都做不成。

初次约会，要努力给对方留下好印象

“哪个男子不钟情，哪个少女不怀春”，爱情似一杯美酒，有醉人的醇香，也有恼人的苦涩。不同恋情的不同“苦涩”固然有不同的原因，可处在谈情说爱季节里的少男少女们，多是由于不会“谈”、不善“谈”，结果把爱情变成了一杯苦酒。

小蕊和陈鹏初次相亲。小蕊是个事业心很重的人，也是虚荣心比较重的人，对自己男朋友的选择标准也很高。她出门前精心打扮了一番，并特意挎上自己刚刚花了半个月工资买的精美的小坤包。

见面地点是在一家环境优静的咖啡屋。见面后，彼此印象挺不错的。二人落座，小蕊特意把包放在手边的茶桌上，她希望引起陈鹏的注意。而陈鹏却穿着普通、并不显眼。

二人各自要了自己喜欢的咖啡。小蕊就开始了一连串的提问。

她问：“你是坐什么车来的？”

陈鹏答：“出租车。”

“路上堵不堵车？”

“还好，没怎么堵。”

开头几句，陈鹏感觉小蕊这人还挺关心人的。接下来的问话可就不那么令陈鹏舒服了。

小蕊单刀直奔主题了。她问："能告诉我你今年多大吗？"

陈鹏心里有点不快，不过并没有明显表露出来："28。"

小蕊接着问："你工作不错吧，工资不低吧？"

"不高。"

"不高是多少。"

陈鹏的反感情绪渐渐重了："一月五千多吧。"

"五千几？"

"五千五六。"陈鹏脸上不高兴了，他低头品起咖啡来，没再看小蕊。

小蕊接着问："你以前谈过女朋友吗？怎么到现在还不准备结婚呀？"

陈鹏一听，心里更加反感。他一口气喝完自己的咖啡，板着脸对小蕊说："对不起，我还有事，先走了，你自己慢慢喝吧。账我先替你付了。"不等小蕊反应过来，陈鹏站起来转身就离开了。

小蕊愣了半天，也没明白是怎么回事。事后，还是她的一位好朋友给她点出了问题所在，她这才醒悟。

对于开启一段恋情而言，初次见面具有非常重要的意义。给对方留下一个较好的印象，良好的关系发展就成功了一半。女人在和异性初次见面时尤其重要，特别是当你对对方有好感的时候，要记住，一定要谨言慎行，知道什么当说，什么千万不可说。

如果把恋爱看成一支三部曲，那么，“谈”就是双方选择、结识的过程；“恋”是双方空间距离的缩短，表现为难舍难分；“爱”则是双方心理距离的消除，会出现卿卿我我的恋情状态。而交谈是这三部曲的第一步，所以女人能否恋爱成功，和你的口才息息相关。

女人要想在约会中给对方留下好的印象，首先要知道什么该问，什么不该问。要知道，一个不恰当的提问很可能会毁掉一个原本可以很浪漫的约会。

对于不该问的问题，即使你渴望知道，迫切想问，也不要去问，比如“你工资多少？”“有没有房和车？”“有没有储蓄？有多少？”等。这些话题，有时对方不便作答，自然而然会对你的问话很反感，会因此而讨厌你，对你敬而远之。因此，要做一个讨人喜欢的交往对象，就不要在看似微不足道的日常问话中留下不好的印象。

还有一些问题，即使已经知道了，也要明知故问，因为这样做，会让约会气氛变得愉快起来。比如，问对方最得意的事，问对方最想让大家知道的事，问对方想说却有顾虑没有说的事，等等。这样，你可以在对方心中留下一个善解人意的好印象，拉近你们之间的距离，使双方的心彼此更亲近。

另外，女人一定要记得，温柔是你的特点，和男生约会时一定要得体、委婉。

英国哲学家培根说：“交谈时的含蓄和得体，比口若悬河更可贵。”约会时，委婉的语言才更容易被接受。女人在谈恋爱的时候，如果你巧妙地掌握和动用了“婉言”这一绝妙的交谈方式，你们的情窦深处就会充满温煦的阳光。“曲径通幽处，禅房花木深”，通过那弯曲的小道，去寻求幽静高雅花木葱茏的爱情胜境吧。

撒娇是女人的专利，要学会使用这个武器

一个会撒娇的女孩，犹如一弯明月、一泓清泉，赏心悦目，可心怡情。在爱情的海洋里，撒娇将女孩子特有的纯真、可爱和柔情暴露无遗。

千百年以来，撒娇一直就是女人的天性，女人不一定要漂亮，但一定要会撒娇，因为撒娇是武器，是对付男人强有力的杀手锏。

很多女人一直在研究如何搞定男人，其实大可不必花费太多的时间和精力。要搞定男人很容易，因为百分之九十九的男人都喜欢会撒娇的女人。虽然说男子汉大丈夫宁愿流血不流泪，在事业中一路拼杀勇猛无比，其实在感情上他们也有着单纯的一面，柔弱娇媚的女人最能满足他们的大男人心理，此时的他们自觉是顶天立地的英雄，保护与怜爱之心也空前高涨，所以，再坚强的男人也会为女人"撒娇"而折腰。

关于撒娇，演员陈好有过亲身感受。陈好的"万人迷"形象深入人心，给人们留下了深刻的印象，但是让人想不到的是，陈好在中学、大学时代一直没有男生追求。直到毕业，才有男生告诉她原因："你太强

了，我们哪敢追你？”陈好猛然醒悟：“我以前是个特别特别自立的人，可慢慢发现一个女人太能干会惯坏男人。所以我建议天下女人内心有很自立的意识在就好了，外表千万不要太强。因为男人总需要一种驾御感，喜欢被小鸟依人——女人一定要学会撒娇……”

会撒娇的女人比那些腼腆内向、自视清高的女孩子更能打动男人的心，也深得周围人的喜爱。

撒娇似乎是女人天生的一种能力。在每个女人小时候，娇嗲是与生俱来的。当她们犯了某种错误或者有了某种要求时，乖巧地笑一笑，拉着父亲的衣袖央求几声，大人们立即心软了，本来想斥责几句的，反而变成了轻声的安慰；本来不想答应的事儿，也遂了孩子的心愿。女人在生活中一定要用好自己的这项能力。

在生活中，女人撒娇通常是用言语或动作，但是要知道的是，撒娇不仅仅表现在某个动作、某种言辞上，更高层的撒娇应该是一种全方位的气质。女人的温柔、情调、性情，都是她们表达爱、享受爱的贴身秘籍，再加上轻俏的姿态、流转的眼神，在男人眼里，就是世上最动人的图景。

撒娇和尊严没有关系，它是女人的一种魅力。一个会撒娇的女人，爱情会更加甜蜜，会更得男友的宠爱。毕竟，男人需要一个女人在自己的面前撒一下娇，而女人也需要有一个男人可以撒个娇，这是一件一拍即合的事情。有的女人就是看透了这件事情，所以她们就不继续扛着了，赏他个脸，自己也乐得放松一下。要知道，几乎没有一个男人可以抗拒女人的撒娇，不管一个女人的年龄有多大，有时候任性或者“赖皮”一下，可以增加感情的“蜜”度。

不过，爱撒娇的女人很多，会撒娇的女人却很少。如果一个女人对男人只知道尖酸刻薄、搬弄是非、小题大做，这种撒娇往往会令男人生厌。因为，虽然男人喜欢宠爱自己心爱的女人，但并不意味着可以永远任其予取予求，没有体谅的任性，否则总有一天会将爱你的男人逼走。所以说，女人撒娇一定要撒出品位，撒出温柔、浪漫的娇气。

女人，从现在开始，学着做一个爱撒娇、会撒娇的可人儿吧！

向男友撒娇的方式有哪些？不知道就赶紧来看看吧。

1. 让你的牙齿晒晒太阳

试想，一个在外打拼的男人，每天要处理很多的工作，面临很多的压力，如果再碰到一个一脸严肃、不苟言笑的女朋友，他的心情该是多么郁闷啊！

一个正颜厉色的女人，给人的感觉是沉闷的、无趣的，像一块压在男友心头的石头，压得男友喘不过气来；而一个爱笑的女孩会让男友在一天的劳累之后感受到轻松与愉悦，从而更愿意与其在一起。

所以，做一个爱笑的女人吧，只要分清场合，无论是微笑、爽朗大笑还是狡黠坏笑，都会让你的爱情变得越来越甜蜜。

2. 适度地耍耍小心机

女人在恋爱中用一点儿小心机，并不是一件坏事。在男友生气之后，如果能够耍点小心机，及时化阴为晴，让男友觉得你像是春天的阳光，像没断奶的小孩，不仅可以消除他心中的怒气，还可以让他更加怜惜你！

但是耍心机一定要适度，不会用将显得你不够投入，缺乏“临战气氛”；而用得过度，则会让人厌烦。

3. 给他起外号

在恋爱中，不妨给男友起个外号。一直喊“老公”，男友听多了会觉得腻，如果给他起一个外号，如“大叔”“木头”“小胖”“性感超人”等，可以让你们的爱情更加甜蜜。

给男友起外号一定要有创意，并且好玩、有趣。另外，起外号还必须要在尊重男友的基础之上。

4. 打是亲，骂是爱

恋爱中，如果男友“犯坏”，偶尔损你一下或色你一下，你怎么回应他？此时，你可以趁机捏他、捶他、拧他、撕他、咬他、用手指点他。这些撒娇的动作在这个时候不仅不会让男友生气，反而会让他更加爱你。所以，女人在恋爱中不妨多多地使用一些女性化的娇嗔动作。

5. 偶尔不讲理的姑娘惹人爱

在不影响男友工作，不损害男友面子的情况下，偶尔也可以胡搅蛮缠一次，然后看着他无奈的表情，给个坏笑，再往他嘴里塞一颗棒棒糖，以示慰问。

6. 赖在他怀里

比如在电影院看电影、在郊外小路上、在空旷广场边、在自家的沙发上……这是一种很温暖的接近，也是温柔的信任。

好女子是女人中的精品，会撒娇的女人则是女人中的极品。不要担心自己不会撒娇，只要我们扔掉心里的包袱，将自己定位于一个需要被宠爱的女人，自然就会唤醒男友心底的柔情。接下来，在爱情的滋润下，你的表现会越来越出色。

吵架一时爽，感情很受伤

恋爱中的人们虽然甜如蜜，但是两个人朝夕相处太久了也会出现审美疲劳，然后就不断地生出小摩擦。因此，吵架就成为了爱情中不可避免的一道坎。

恋爱中的男女吵架是正常的，偶尔的吵架能调剂感情生活。但是，在吵架的过程中，人因为理智不清楚，心里激动，往往贪图一时的口舌之快说了狠话而不自知。虽然说者不是出于真心，但却会给听的人造成巨大的伤害。

女人通常是比较感性的，也都有着自己的小虚荣，不愿意低头去承认错误，更容易控制不住自己的脾气甚至口不择言，常常将“分手”挂在嘴边。但是，要知道每个人的承受能力是有限的，即使再爱你的人也不会无休止地纵容你。很多女孩因为在爱情中太过任性而失去了自己明明很在意的感情，而有些人一旦失去了，就再也没有机会碰到了。即使后来你学会了忍耐、体谅与包容，但早已物是人非，只能悔恨一生了。

贪图口舌之快，在争吵中动不动就说狠话，就像是在男友的身上插一把刀子，再拔出来，就会留下深深的伤口，即使后来愈合了，也会留下触目惊心的伤疤。女人，千万不要贪图口舌之快而口不择言，句句狠话像匕首一样扎向男友，这样做无异于葬送掉自己甜蜜的爱情。

在电影《我的少女时代》里，当林真心对徐太宇大声说出："我以后再也不理你了！"徐太宇的内心已然崩溃。恋爱中的女人总会因为太过在乎对方而失去了主张和分寸，甚至口不择言，某些狠话虽然只是一时逞强的气话，但却伤害了男友的自尊心。女人一定要记住，千万不要因为一时贪图口舌之快，对真正爱你的人说狠话，因为你不知道那种伤害到底有多疼。

事实上，情侣之间发生了争执，包容往往比说狠话更有力量，更能赢得对方的尊重与爱。如果我们女人能够适当包容对方的错误，对男友采取宽容的态度，你会发现他们更乐于承认自己的错误。

心灵上的伤口比身体上的伤口更难以恢复。你的另一半是你宝贵的财产，他让你开怀，让你更勇敢。他总是随时倾听你的忧伤，你需要他的时候，他会支持你，向你敞开心扉。因此，女人一定要珍惜自己的身边人，不要贪图口舌之快，等到失去了才悔恨不已。

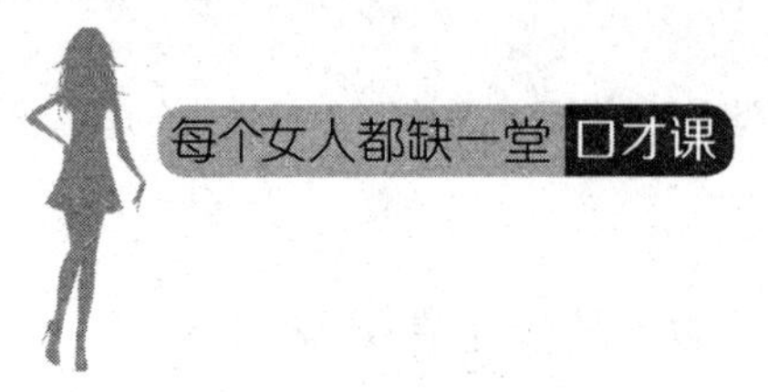

用善意的谎言，让爱情地久天长

人与人交往，贵在心诚。但是，有时也需要一些善意的谎言调剂一下。

心理学家洛巴托说："如果我们在一天当中总是说真话，那么就会感到自己反受其害，无法与人和睦相处。"现实生活里并不是每一件事都要我们做出大是大非的判断，生活需要是非题，也可以容纳艺术。生活里充满着各种各样的摩擦，善意的谎言则可以起到缓冲、润滑、软着陆等作用，有时撒一点儿善意的谎言，生活就会多了许多宽容和忍耐，多了许多体恤和关爱。

善意的谎言，生活中处处可闻、时时可见。如果没有这些谎言，我们的生活会缺少很多平稳与协调、宁静与温馨。

情侣相处之道也是如此。爱情有时也需要一些善意的谎言，常言道：小谎怡情，大谎伤情。在爱情中，善意的谎言可以让彼此之间稍稍有些距离感，这样，爱情才能如最初般美好。

爱一个人更是如此，在以一颗博爱的心替对方着想的同时，如果对自己心爱的人说一个小小的善意谎言就能解决争斗的话，何乐而不为呢？

真诚在爱情中当然很重要，但是如果说实话比说谎更伤人的话，还是适当地说一点儿善意的谎言是比较好的选择。要知道，真诚这种美德和善意的谎言并不是对立的、水火不容的。只要掌握一定的原则和技巧，善意的谎言比你的实话更能赢得伴侣的心，更能为爱情增甜蜜。

另外，善意的谎言不仅可以给人带来幸福，更可以激发人的自信。善意的谎言是美丽的，是可以理解的。当我们为了男友的幸福和希望，适度地撒一些小谎的时候，谎言即变为理解、尊重和宽容，而且还能给他带来自信。

可以说，善意的谎言已经成了爱情中的女人交往与沟通的一种生活必需。

每个处于爱情中的女人应该都说过谎，即便是最深爱的一对，也不敢轻易地摇头说没有对男友撒过谎！

但是在爱情中撒谎，一定要出自爱他的前提。用谎言能巧妙地表达你的爱和关心；谎言对爱人更多的是给予而不是索取；谎言让情侣之间充满信任与欢乐。所以，从爱他的角度出发，说善意的谎言。当然，善意的谎言也包括一些增加情趣的小骗术，比如偶尔深情款款地告诉他："我会爱你一万年。"

另外，还要记住的是，一定要有创意，同样的谎言不要重复使用。比如，你和男友有约会，但是你因为加班迟到了，他有些不开心，这时候，你不妨给他一个拥抱说："我太重视跟你的每一次约会了，所以每次都要花很多时间，精心打扮一番，'女为悦己者容'嘛！你看我漂亮不？"此时，男友即使有怨言，也会开心地回答：

“漂亮！”但是如果你每次迟到都用这一个理由的话，就说不过去了。第一次，可能因为你的谎话比较新颖，他选择了相信你，但是第二次、第三次……次数多了，他就会觉得你没有诚意。

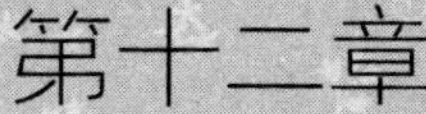

第十二章

每个和谐的家庭背后，都有一个会说话的女人

不会闭嘴的女人会让爱情走进坟墓

在烧毁爱情的一切烈火中，唠叨是最可怕的一种，就像被毒蛇咬到，绝无生还之望。唠叨是爱情的坟墓。但是，很多女人并没有意识到这一点，甚至认为自己的唠叨是对他的爱，以为唠叨可以改变丈夫的缺点。

著名心理学家特曼博士对1500对夫妇进行调查发现，在丈夫眼中，唠叨、挑剔是妻子最大的缺点。陶乐丝·狄克斯认为："一个男性的婚姻生活是否幸福和他太太的脾气性格息息相关。如果她脾气急躁又唠叨，还没完没了地挑剔，那么即便她拥有普天下的其他美德也都等于零。"

作为人类历史上最著名的小说家之一，托尔斯泰深受人们的爱戴，声誉传扬海内外。

除了美好的声誉外，托尔斯泰原本还有一个幸福的家庭。在外人看来，托尔斯泰太幸福了，他和妻子有一个美满的婚姻，并且也有地位、有财产，还有几个可爱的孩子。

可是，托尔斯泰的一生却是以悲剧收场。而导致这一切发生的恰恰就是他的婚姻生活。

托尔斯泰的妻子是一个喜爱奢侈、虚荣的人，她渴望着显赫和名誉，然而这些东西正好是托尔斯泰本人非常轻视的、鄙弃的，他对这些显得不屑一顾。在托尔斯泰看来，财富和私产是一种罪恶，但是他的妻子却爱慕金钱和财产。

在托尔斯泰选择放弃所有作品的出版权，不收任何稿费和版税的时候，他的妻子却极力反对，因为她想靠这些稿费和版税获得财富，于是，她不停地吵闹、谩骂、哭叫。

每当托尔斯泰反对妻子的做法的时候，她就会像疯了一样地哭闹，倒在地板上打滚，手里拿着鸦片，恐吓丈夫要吞服自杀。

就这样过了几年，托尔斯泰一直苦恼于自己不幸的家庭和婚姻生活。渐渐地，托尔斯泰发生了变化，终于在他 82 岁的时候，再也忍受不住妻子的折磨而选择离家出走。

1910 年 10 月，在一个大雪纷飞的夜晚，托尔斯泰离开妻子，走出家门，走向酷寒与黑暗。家人始终找不到他的踪迹。

十一天后，托尔斯泰因为身患肺炎，倒在了一个车站里。临死前，他提出了唯一一个要求，就是不允许他的妻子前来看他。

托尔斯泰的妻子因为不停地抱怨、吵闹和歇斯底里而彻底地失去了她的丈夫。托尔斯泰的悲剧又何尝不是他妻子的悲剧呢?

很多男人在生活中之所以垂头丧气、没有斗志，就是因为他的妻子打击他的每一个想法和希望。她无休止地长吁短叹，为什么丈夫不像别的男人会赚钱？为什么丈夫写不出一本畅销书？为什么丈夫得不到一个好职位？拥有这样一个妻子，做丈夫的实在泄气。确实，奢侈浪费给家庭带来的不幸远远比不上唠叨和挑剔。

作为妻子，一个重要的职责就是帮助她的先生成为他理想中的那个人。为此，你不要挑剔他，不要拿他与隔壁的某某相比，也不要给他压力，而是应该温柔地鼓励他、赞赏他，为他加油打气。

一个女人所说的明智的话，往往可以改变一个男人对自己的看法，使他变得更好，推动他取得更大的成功。所以，女人在丈夫面前，请少唠叨一点儿，多给他一点儿赞美和鼓励吧！

你说的话，可能影响孩子一辈子

要想培育出优秀的孩子，在家庭教育中，一个女人就必须要懂得运用语言的力量，懂得如何和孩子说话。其实，每个孩子都是一张白纸，你在上面涂写什么，就会呈现什么样。你教会他歧视与偏见，他就学会了冷漠与刻薄，你教会了宽容与尊重，他的世界就充满了理解与爱。

提起阿姆斯特朗，大家应该都不陌生，他是人类历史上登上月球的第一人。早在童年时期，阿姆斯特朗就梦想着有一天能够登上月球。

一天，小阿姆斯特朗正在后院玩耍，在厨房洗碗的妈妈对他喊道："你在干吗？"阿姆斯特朗兴奋地回答："我要到月球上去！"

此时，阿姆斯特朗的妈妈是怎样回应的呢？她对阿姆斯特朗说："好，不要忘记回来吃饭哦！"

阿姆斯特朗之所以能够一步一步坚持向前，最终实现自己的登月梦想，与他妈妈的鼓励与支持是分不开的。

鼓励和支持，是一种正面的肯定，能够激发一个人实现目标的欲望，产生内在的动力，使其朝着所期望的目标努力奋进。而"泼冷水"、否定则会让人产生自卑的人格，从而自我否定，并最终放弃自己的目标、追求和兴致。试想，如果当年阿姆斯特朗的妈妈在听到他要登上月球的话语之后，对他说："小孩子不要胡说"或者"你赶快进来洗干净"之类的丧气话，没有给他信心和勇气，那么登月第一人还可能是阿姆斯特朗吗？

每个做父母的，都希望自己的孩子是最优秀的。但其实，我们的孩子到头来大部分并不是因为他们本身不能优秀，而是被父母耽误了。

现实生活中，有很多母亲并不知道如何与孩子沟通，对孩子进行教育。她们有时为了让孩子快一点儿，老说孩子慢；为了让孩子聪明一点儿，老说笨死了……其实，过于否定、批评孩子，会让这种负面的、消极的信息成为孩子大脑的禁锢，让孩子偏向消极。所以，在对孩子说话时请注意自己的用语。经常用正面的信息来鼓励孩子，会让孩子形成积极向上的心态，并在人生道路上不断进取，最终成为一个优秀的人。

如果在与孩子说话的时候能做到下面几点，你的孩子会渐渐变得优秀起来！

1. 发现问题时，不马上批评

做父母的，往往一眼就能看出自己孩子的问题所在。一些妈妈看出孩子的问题后不会立即说出来，而是忍着不说，在今后的生活中有意识地引导自己的孩子朝好的方面做出改正或改善，让孩子自己成为一个更好的人。

但是有一些妈妈，看到孩子的问题后总是马上就指出来，这样做其实对孩子的成长是非常不利的。孩子需要空间去自己成长，如果母亲随意而过多地去评价的话，会让孩子丧失掉内在的动力而更多地去注意母亲的反应，从而对孩子的成长造成阻碍。

为什么有些孩子在外人面前表现得非常好，一回到家里就像变了个人似的？就是母亲没有做好这一点。在教育孩子的过程中，母亲不马上插手，可以让孩子在沉淀自我中发现和弄清内在的意义，从而激发孩子做事的内在动机，让孩子变得越来越优秀。

2. 教育孩子的时候，声音不要尖刻

对于孩子来说，柔和的声音有一种亲切感。所以，为人母者，在与孩子说话的时候，一定要声音柔和，柔中带刚。母亲越是柔和，带出来的孩子能力就越强，如果一个母亲整天扯着嗓子对孩子叫嚷，是不可能教育出优秀的孩子的。

母亲要柔和，一个重要的体现，就是在孩子犯错误的时候，先不要抓住孩子的错误纠缠不休，也不要指责孩子，而应该多站在孩子的角度，去理解孩子当时的内心，了解孩子的情感需要，进而引导孩子认识自身的错误，改正错误。

3. 要学会在孩子面前“示弱”

母亲在孩子面前要学会“示弱”。一个强势的妈妈，教育出来的孩子往往缺乏自信，这是因为妈妈的强势状态会一点儿一点儿地削弱孩子的自信。

母亲在孩子面前示弱这一举动，实际上是实现对孩子的托举，从而让孩子逐渐变得自信而坚强。母亲要想让自己的孩子充满自信，就一定要学着在孩子面前示弱，不要用你的强势压制孩子的成长和发展。

只有不会说的儿媳，没有搞不定的婆婆

在中国，婚姻不只是两个人的事情，准确地说，婚姻牵扯着两个家庭。大多数女人嫁人都要过和婆婆长期相处的日子，因此，怎样搞好婆媳关系，与婆婆友好相处，成为让婆婆喜欢的儿媳妇，就成为了她们不得不面对的一大难题。

现实生活中，很多婆媳出现问题，有时候弄得剑拔弩张、互不相容，甚至大打出手，成为街坊邻里的丑笑话。

如何才能避免婆媳关系紧张，建立起和谐友爱的婆媳关系呢？首先，儿媳妇必须会说。很多时候，婆媳矛盾都是因为生活中的一点小误会导致的，所以，儿媳妇只要注意一下自己的说话方式，注意与婆婆及时进行良性沟通，很多婆媳矛盾就可以避免了。只有不会说的儿媳，没有搞不定的婆婆。

王颖和丈夫结婚有一年了，和婆婆之间的关系很僵。刚嫁过来的时候，王颖还一心想要和婆婆搞好关系，但是一段时间之后，发现很难做到！

但最近，情况似乎出现了转机。

王颖前一段时间被检查出怀孕了，这是全家都高兴的好事情。王颖因为不注意，在一个晚上感冒了，发起高烧。由于她现在是孕妇，有许多药都没办法吃，医生建议物理降温。婆婆不分昼夜地照顾她，王颖非常感动。

王颖对婆婆说："我还以为您很讨厌我呢。"

"怎么会？"婆婆显得很吃惊，"我只是不习惯小宇（王颖的丈夫）鞍前马后地照顾你而已，想想以前，他都是我心里的宝。可我以前的宝贝，现在都会照顾别人了，我总有些不习惯。"

话说开了，王颖和婆婆之间的关系也就得到了很大的改善。

其实，婆媳之间并没有什么太大的矛盾，很多时候都是因为缺乏沟通而产生误会，结果导致婆媳产生了矛盾。如果能够像王颖一样，主动找婆婆把话说开，矛盾自然也就消除了。

在婆媳关系中，由于婆婆是长辈，要她向晚辈低头很难。因此，要想搞好婆媳关系，使家庭氛围变得和谐温馨，作为儿媳妇，就必须要主动一点儿，想办法化解婆媳之间的矛盾。

作为儿媳，要怎样说，才能够避免与婆婆发生矛盾，建立良好的婆媳关系呢？

1. 必须尊重长辈

对待长辈，态度一定要尊重。一个懂得尊重婆婆的儿媳，会让婆婆觉得很宽心。

婆婆毕竟和我们不是同一个年龄段的人，在思想认识上肯定会和我们存在差异，她的某些生活方式和习惯也会让我们无法接受，对此，我们可以不接受，但一定要尊重，只有我们尊重婆婆，婆婆才会理解我们。否则，双方只会闹得越来越僵，婆媳关系自然也就好不到哪里去了。

2. 说话要有分寸

媳妇嫁到婆家，说话随意一些，会让家人感觉更加亲切，能够更快地融入到婆家生活中去，但是这并不意味着媳妇说话就可以口无遮拦、毫无分寸。

说话没有分寸，会让婆家人觉得你没大没小，很容易得罪婆家人，即使是自己的老公也可能会站在婆婆一方，指责你的不是。即使婆家人知道你没有恶意，也可能会在心里认定，你是一个不靠谱的人，那从今往后，你在婆家的公信力就大打折扣了。所以，当你还没有和婆家人建立起深厚的感情的时候，千万不要乱说话。

女人，一定要记住，婆家即使再亲，也不是自己的亲生父母，和自己没有血缘关系，你如果不注意，他们不会像你的亲生父母那样包容你的。所以还是自己小心为好。

3. 不要口生是非

一个聪明的女人，绝不会做在婆家传递是非这种吃力不讨好的事情的。

婆家人即使再闹矛盾，那也是有血缘关系的，而你和婆家人并没有血缘关系。疏不间亲，这是常理。所以，当自己丈夫的兄弟姐妹之间、晚辈与长辈之间发生矛盾的时候，你可以开解，但不要褒贬是非，甚至为人强出头。最好是能回避就回避，以免“殃及池鱼”。

4. 学会以退为进

当和婆婆意见不统一的时候，千万不要一开始就采取强烈的进攻态度，而要学会以退为进，不要直接和婆婆争论。

一开始就和婆婆直接对立起来，只会让婆婆更加反感你，在日后给你穿更多小鞋。而温和忍让的态度，反而会让婆婆觉得自己有愧，进而会对你更加满意。等婆婆冷静后，你再表明自己的观点，和她讲道理，她会非常乐意接受。

聪明的女人，一定不会忽视婆媳关系，良好的婆媳关系会让夫妻感情更深厚、更甜蜜；智慧的女人，也一定知道如何说才能够得到婆婆的欢心，与婆婆建立起良好的婆媳关系。

对待亲人要好好说话

“你会好好说话吗？”

“你在跟家人说话的时候态度好吗？”

我们不妨这样询问一下自己。从心理学上来说，相较于亲人而言，在对待其他人时往往更有耐心，更能够控制情绪。因为我们会假设别人是不了解我们的，所以要取得他人的了解与配合就需要充分的沟通。而对于家人，人们的耐心是很限的，这是因为我们认为家人应当是最了解自己，最支持自己的。通常来讲，越是亲近的人，越会互相理解与支持。但是毕竟每个人都是不同的，家人也不可能做到每件事情都跟我们观点一致。我们自己也并不能够时时理解和支持亲人的需要和想法。一旦碰到什么事情不顺利，我们常常会想：“别人不理解我也就罢了，怎么你也不了解我呢？别人不懂得配合我支持我就罢了，怎么你也不懂得呢？”这样越想就会越生气。这都是因为我们对家人期望过高，而有时我们并没有意识到。

另外，我们有时在外界受了些委屈或者压力，会习惯性地放在家中发泄。这是因为我们对家人存在放肆性，不过人们在发泄的时候往往并非是通过正常沟通达成的。被烦恼包围的我们，往往会在面对家人时忘记好好说话，所以在宣泄的过程中会对家人使用嘲讽、歪曲、夸大、贬低、晦暗等语言。最后我们的压力得到一定的释放，给家人却带来了伤害。如果家人对我们的伤害进行反弹，家庭的冲突就会愈演愈烈。良好的家庭氛围就毁在了我们的放肆性上。

在一个长途汽车上，有这样一对母女，母亲抱着一篮子橘子，女儿则悠闲地坐在座位上听着歌。因为脚下放着其他行李，母亲不得不一直抱着那篮橘子。道路有些不稳，全车的人都在颠啊颠，突然一个急刹车，母亲的篮子没拿稳，橘子滚得到处都是。母亲只好到处捡橘子。突然女儿发声了："你看吧，我就说行李太多别带了，非要带，这下好了。"回头又一句"太丢人了，再也不想跟你一起出来了。"

半车的人都在帮那位母亲捡橘子，只有那个小姑娘，冷漠地嘟囔着。母亲刚收拾好，坐回到座位上，女孩就摘下耳机又说了一句："你以后能让我省点心吗？"母亲的眼眶刷的一下就红了，如果不是在公共场所，恐怕早就掉泪了。

"对自己的母亲，你好好说话会死吗？"一个七十多岁的老公公，突然转过头不紧不慢地说了一句，"小姑娘，谁都有年纪大行动不便，跟不上时代的那一天。"

小姑娘这才有些收敛，不再吱声。

很多人都没意识到，"不好好说话"扼杀了自己的许多亲密关系。人心是最敏感的，就算跟你再亲密的人也是如此。所以你肆无忌惮的伤害，往往是在他们的心上戳伤口。你不能把对方对你的容忍，当成是自己放肆的筹码，不然到了最后，你会输得一塌糊涂。

人生本就有那么多烦恼，何必要再把这些烦恼传递给他人。不如好好说话，一起来给予这个世界最身边的人最美好的善意和最温柔的守望。

我们要注意的是，在与亲人沟通过程中，避免进行省略式的沟通，如果遇到郁闷的事情，不妨心平气和地将前因后果说出来，哪怕家人没有办法帮到忙，但是长远来看增加了家人之间的互相理解，自己的郁闷情绪也在一定程度上得到缓解。

伤人的话是把枪，不要对准最亲的人

夫妻之间相处是否愉快，说话这门艺术很关键。有时候，关系越亲密，说话越要小心。也许女人无心说的一句话，很可能会无意间就伤了男人的心。

要想拥有一份甜蜜幸福的婚姻，就一定不要对丈夫说出那句最伤人的话：

1.“你总是这样。”

当丈夫在做某件事情出现错误或犹豫不决的时候，不要责备他。如果你一发现丈夫的错误，就一脸不耐烦地说出“你总是这样”的话，会让丈夫觉得你不信任他。丈夫一番努力，妻子几个字就完全否定了，怎能不伤心呢？

记住，丈夫是需要妻子的信任和支持的，只有不断地给予丈夫赞美和肯定，他才能对自己充满信心，也才能继续坚持做下去。

2.“你就不是个男人。”

夫妻之间争吵是常有的事情，甚至，争吵从某个层面上来说，是夫妻之间沟通的一种方式。但是，这样的争吵是限定在一定范围之内的。如果在争吵过程中，因为一句气头上说出的狠话伤了彼此的心的话，那么，争吵给婚姻生活带来的就是一种伤害了。

在争吵中，妻子千万不要对丈夫说“你就不是个男人”等类似的话，这句话是对男性尊严的一种极大的侮辱，一旦说出口，很可能会对婚姻生活带来不可挽回的伤害。

3.“没什么不对，有什么让你觉得不对的？”

有人说，幸福的婚姻不是没有争吵，而是懂得及时面对问题，解决问题。而说出“没什么不对，有什么让你觉得不对的？”这句话，其实就是在回避问题，这会让事情变得更加糟糕。

出现问题，勇敢面对，及时找出解决办法才是对婚姻生活负责任。夫妻出现问题之后，说句“是的，确实出现了一些问题”可以消除紧张气氛，引导夫妻二人一起寻找解决问题的办法。

4.“我当初真是瞎了眼才会嫁给你！”

如果你不是真想结束婚姻关系的话，建议你不要轻易说出这句话，即使在你非常愤怒的情况下也不要说。你说“我当初真是瞎了眼才会嫁给你”这句话的时候，可能觉得只是一句气话，不会怎么样，可是这句话却是对你这段婚姻的一种彻底的否定。试想，丈夫听到这句话，心里会怎么想？他很可能会觉得你从一开始嫁给他就不是自愿的，你对他没有感情。

所以，女人要想婚姻美满幸福，就一定要离这句话远远的！

5.“你总是偏袒孩子。”

夫妻二人在教育孩子的问题上难免会出现意见不一致的时候，此时如果只是一味地抱怨和指责对方的不是，不仅不能解决问题，反而有可能造成家庭分裂。所以，当夫妻在教育孩子的问题上出现分歧的时候，不要说“你总是偏袒孩子”等类似的话，要知道孩子是你们两个人的，你爱，丈夫也爱。即使你不赞同丈夫的教育方式，也一定要给予充分的尊重，至少在孩子面前不要反驳丈夫，这样不仅让丈夫没面子，还会让孩子无所适从。

如果你的确觉得丈夫的教育方式有问题，可以选一个恰当的时候，私下与丈夫进行沟通，而不是只知道指责和抱怨。

在表达过程中，一个小小的字眼儿的改变，就会让所表达的意思发生翻天覆地的变化。所以，在与丈夫沟通的时候，伤人的话千万不要说，想说的时候可以让自己停顿一下，想一想是否有一个恰当的表达方式来代替，只有这样，才能建立起和谐的夫妻关系，才能拥有让人羡慕的婚姻与家庭。

参考文献

[1] 李小落 . 会说话的女人最强大 [M]. 哈尔滨：北方文艺出版社，2016

[2] 张新国 . 会说话 会办事 会做人 [M]. 北京：线装出版社，2015

[3] 晋翔 . 沟通心理学 [M]. 北京：海潮出版社，2016

[4] 鸿图 . 说话心理学 [M]. 北京：海潮出版社，2013

[5] 文天行 . 别败在不会说话上 [M]. 北京：华侨出版社，2012

[6] 蔡践 . 睿智自信的女人会表达 [M]. 成都：成都时代出版社，2016

[7] 杨秋平 . 智慧女人说话有技巧 [M]. 北京：中国纺织出版社，2012